全国铁道交通运营管理专业高职高专规划教材

Tielu Lüke Yunshu Fuwu
铁路旅客运输服务

王 越 主 编
冶海英 副主编
于文福[沈阳铁路局] 主 审

人民交通出版社股份有限公司
China Communications Press Co.,Ltd.

内 容 提 要

本书为全国铁道交通运营管理专业高职高专规划教材，其主要内容包括：铁路旅客运输服务与服务质量，铁路旅客运输服务质量规范，旅客运输服务心理，铁路旅客服务工作，铁路旅客运输应急服务。

本书为高职、中职院校铁道交通运营管理专业教材，可作为铁路行业从业人员培训教材，也可作为铁路相关行业人员的参考用书。

＊为方便教学，本书配有教学课件，读者可于人民交通出版社股份有限公司网站免费下载。

图书在版编目（CIP）数据

铁路旅客运输服务／王越主编．--北京：人民交通出版社股份有限公司，2015.7
全国铁道交通运营管理专业高职高专规划教材
ISBN 978-7-114-12294-1

Ⅰ．①铁… Ⅱ．①王… Ⅲ．①铁路运输—旅客运输—高等职业教育—教材 Ⅳ．①U293

中国版本图书馆 CIP 数据核字（2015）第 124907 号

全国铁道交通运营管理专业高职高专规划教材
书　　名：铁路旅客运输服务
著 作 者：王　越
责任编辑：袁　方
出版发行：人民交通出版社股份有限公司
地　　址：(100011) 北京市朝阳区安定门外外馆斜街 3 号
网　　址：http://www.ccpress.com.cn
销售电话：(010)59757973
总 经 销：人民交通出版社股份有限公司发行部
经　　销：各地新华书店
印　　刷：北京鑫正大印刷有限公司
开　　本：787×1092　1/16
印　　张：9.25
字　　数：230 千
版　　次：2015 年 7 月　第 1 版
印　　次：2019 年 1 月　第 7 次印刷
书　　号：ISBN 978-7-114-12294-1
定　　价：28.00 元

（有印刷、装订质量问题的图书由本公司负责调换）

全国铁道交通运营管理专业高职高专规划教材
编 委 会

委　员：（按姓氏笔画排序）

王　琛　　王　越　　申金国　　石　瑛

刘　奇　　刘柱军　　吉增红　　张　玮

张　燕　　张敬文　　李玉学　　李慧玲

杨　亚　　孟祥虎　　夏　栋　　蔡登飞

秘　书： 袁　方

序　言

铁路作为国民经济的大动脉、国家重要基础设施和大众化交通工具,在国民经济社会发展中具有重要作用。经过近几年的建设和发展,我国铁路运输能力得到进一步扩充,技术装备现代化水平有了显著提高。目前,我国铁路的旅客周转量、货物发送量、货运密度和换算周转量均为世界第一。预计到2020年,全国铁路营业里程将达到12万km以上。

在大交通格局形成以及铁路快速发展的背景下,我国铁路职业院校招生、就业形势较好,培养的铁路从业人员素质也得到了普遍提高。我们为满足各职业院校对教材建设差异化的需求,针对目前职业教育"校企合作、工学结合"的教学改革形势,组织湖北、辽宁、陕西、天津、黑龙江、四川等铁路职业院校,编写了铁道交通运营管理专业高职高专规划教材,于2013年后陆续推出以下教材:

《铁道概论》;
《铁路客运组织》;
《铁路货运组织》;
《铁路车站工作组织》;
《铁路行车规章》;
《铁路客运服务礼仪》;
《铁路线路及站场》;
《铁路运输安全管理》;
《铁路运输法律法规》;
《铁路旅客运输服务》;
《铁路客运组织习题集》;
《铁路货运组织习题集》。

本套教材具有以下特点:

(1)体现了工学结合的优势。教材编写过程中努力做到校企结合,聘请各地一线铁道运营管理人员参与编写,丰富了教材内容。

(2)突出了职业教育的特色。教材内容的组织围绕职业能力的形成,侧重于实际工作岗位操作技能的培养。

(3)遵循了形式服务于内容的原则。教材对理论的阐述以应用为目的,以够用为尺度。语言简洁明了,通俗易懂;版式生动活泼、图文并茂。

(4)整套教材配有教学课件,读者可于人民交通出版社网站免费下载;课后附有复习思考题和实践训练,方便教学使用。

希望该套教材的出版对职业院校铁道交通运营管理专业教材改革有所裨益。

全国铁道交通运营管理专业高职高专规划教材
编委会
2013年7月

前　言

随着我国国民经济持续、快速的增长和人民生活水平的提高,我国铁路建设进入了一个全面、快速发展的新时期。为满足旅客对运输产品的需要,适应竞争激烈的旅客运输市场,铁路运输企业推出了很多客运新产品;客运在设施设备和运营管理方面发生了很大的变化。为深化高等职业教育教学改革,加快职业教育教材建设,适应职业教育形势发展的需要,我们尝试编写了《铁路旅客运输服务》一书。

本书主要内容包括:铁路旅客运输服务与服务质量、铁路旅客运输服务质量规范、旅客运输服务心理、铁路旅客服务工作、铁路旅客运输应急服务。

本书由辽宁铁道职业技术学院王越担任主编,冶海英担任副主编;由沈阳铁路局客运处于文福担任主审。具体编写分工为:辽宁铁道职业技术学院王越编写第三章、第四章、第五章;辽宁铁道职业技术学院冶海英老师编写第一章、第二章。

本书在编写过程中,参考和收集了大量铁路现场关于铁路旅客运输服务方面的资料,得到了沈阳铁路局客运处的大力支持和帮助;同时,在编写过程中还参考引用了有关专家、学者的相关文献。在此一并致以衷心的感谢!

鉴于我们技术水平及实践经验的局限性,对有些问题的分析和处理难免存在不当之处,恳请广大读者提出宝贵意见。

编　者
2015 年 6 月

目 录

第一章 铁路旅客运输服务与服务质量 … 1
- 第一节 铁路旅客运输服务概述 … 1
- 第二节 旅客运输产品与质量特性 … 3
- 第三节 铁路旅客运输服务 … 4
- 第四节 铁路旅客运输服务质量 … 7
- 复习思考题 … 8

第二章 铁路旅客运输服务质量规范 … 9
- 第一节 《铁路旅客运输服务质量规范》(车站)主要内容 … 10
- 第二节 《铁路旅客运输服务质量规范》(列车)主要内容 … 18
- 复习思考题 … 27

第三章 旅客运输服务心理 … 28
- 第一节 旅客服务心理 … 28
- 第二节 客运人员服务心理 … 38
- 第三节 旅客投诉心理 … 50
- 复习思考题 … 56

第四章 铁路旅客服务工作 … 58
- 第一节 服务理念 … 58
- 第二节 服务礼仪 … 63
- 第三节 仪容举止和服务用语 … 65
- 第四节 服务英语 … 74
- 第五节 服务工作的技能技巧 … 80
- 复习思考题 … 106

第五章 铁路旅客运输应急服务 … 108
- 第一节 应急处置 … 108
- 第二节 红十字应急抢救 … 135
- 复习思考题 … 137

参考文献 … 138

第一章 铁路旅客运输服务与服务质量

第一节 铁路旅客运输服务概述

一、铁路旅客运输业的性质

我国的产业可以划分为三大类,即第一产业、第二产业和第三产业。其中,第一产业包括农业(种植业、林业、畜牧业及渔业);第二产业包括工业(采掘业、制造业、电力、煤气、水的生产及供应业)和建筑业;第三产业包括除第一产业、第二产业以外的其他行业,具体分为以下4个层次。

第一层次:流通部门(物流业),包括交通运输、仓储及邮电通信业,批发和零售贸易、餐饮业。

第二层次:为生产和生活服务的部门,包括金融、保险业,地质勘查业、水利管理,房地产业,社会服务业,农、林、牧、渔服务业,交通运输辅助业,综合技术服务业等。

第三层次:为提高科学文化水平和居民素质服务的部门,包括教育、文化艺术及广播电影电视业,卫生、体育和社会福利业,科学研究业等。

第四层次:为社会公共需要服务的部门,包括国家机关、政党机关和社会团体以及军队、警察等。

属于第三产业的铁路旅客运输业是从事旅客运输的物质生产部门,其产品是使旅客完成空间上的位移。在完成位移的过程中,运输企业应该提供满足旅客需要的所有服务,包括有形服务和无形服务。铁路旅客运输企业在产品的生产过程中,既是生产者,又是服务者,具有公共服务性,同时也是国民经济的基础产业和先导产业。那么,为消费者提供服务,这也是铁路旅客运输业存在的前提。

二、铁路旅客运输的特点

铁路旅客运输的目的是为人们进行经济、文化等社交活动和生活提供必要的出行条件。相对于其他行业和部门来说,其特点是:

(1)铁路旅客运输的主要服务对象是旅客,其次是行李、包裹和邮件。铁路旅客运输的直接服务对象是具有不同旅行需求和支付能力的旅客,所以,铁路旅客运输企业应不断加强铁路技术装备和服务设施的现代化水平,扩大服务内容,提高服务质量,以提供劳务的形式为旅客服务,最大限度地满足旅客在旅行中的物质文化生活需求。

(2)铁路旅客运输生产向社会提供的是无形产品,其核心产品是旅客的空间位移。铁路旅客运输企业提供的运输和服务,与旅客对旅行和服务的消费同时进行,为社会创造的经济效益远大于自身的经济效益。

(3)铁路旅客运输在时间上具有较大的波动性。尤其是在春运、暑运及节假日的期间客运量会达到一定的高峰期。因此,在客运车辆、技术装备等方面必须留有一定的后备能力,以便在不同的高峰期采用不同的旅客运输组织方式。

(4)铁路旅客运输不同于货物运输,旅客在旅行中有不同的物质文化生活需求,如饮食、盥洗、休息以及适宜的通风、照明、温度等,为旅客创造良好的旅行环境,积极改善服务质量,使旅客心情舒畅。

(5)车站的位置应方便旅客集散和换乘。铁路客运站的位置宜设在客流易于集散处,使旅客便于换乘不同的交通方式。

(6)旅客有较强的自主性。旅客可根据自己的需要选择乘车日期,列车等级、席别、铺别等。

三、铁路旅客运输服务的概念、意义及内容

铁路运输具有运量大、成本低、污染小、受天气影响小、安全、低成本的特点,在我国的交通运输体系中一直都处于骨干地位。随着国民经济的不断发展,人们出行的需求也在不断增长,尤其是在高速铁路迅速发展的今天,运输能力将不再是限制因素,铁路也不再以完成运输任务为目的,而是将在旅客旅行的过程中为其提供更优质的服务作为首要目标。

1. 铁路旅客运输服务的概念

铁路旅客运输服务是指为了实现旅客位移而由一系列或多或少具有无形性的活动构成的一种过程。根据铁路旅客运输的特点,在旅客旅行的全过程中,为旅客提供安全、舒适、便捷的服务,最大限度地满足旅客的需求,是客运服务的关键。

2. 铁路旅客运输服务的意义

随着人民生活水平和消费水平的不断提升,未来旅客的消费性旅行需求的增长速度将会加快,旅客的多元化和个性化需求将会不断增加,旅客对铁路旅客运输的方便、舒适、经济、安全等方面的要求也会增强。

服务在铁路旅客运输工作中的地位是举足轻重的,主要遵循"全面服务、重点照顾、主动热情、诚恳周到"。随着经济的发展,产品的竞争越来越表现为质量的竞争,铁路作为大众化的交通工具,其服务质量不仅是自身形象的展示,也是社会文明进步的象征,更是铁路服务宗旨的内在要求。

和谐铁路的建设对服务质量的提高提出了更高的要求,铁路总公司提出建设"运能充足、装备先进、安全可靠、管理科学、节能环保、服务优质、内部和谐"的战略任务。因此,要搞好服务工作,提高产品的服务质量,满足旅客的需求,不断提高客运服务的整体水平,展示铁路的全新形象。

3. 铁路旅客运输服务的内容

保证旅客运输产品的质量是服务工作的主要内容,所以,要求在旅客运输的售票、候车、乘降等各环节提供必需的、周到的服务,确保服务产品的质量。然而,要做到让不同层次、不同支付能力的旅客满意就必须了解其心理,根据旅客的不同需求开展有针对性的服务,想方设法为旅客提供各种便利条件,千方百计为其排忧解难,努力提供更加安全快捷、方便舒适和人性化的服务,真正体现"人民铁路为人民"的服务宗旨。同时,服务人员的心理素质也会直接影响到服务质量。因此,只有掌握旅客和客运员工的心理,才能更好地开展服务工作。

第二节 旅客运输产品与质量特性

一、旅客运输产品

随着市场从买方市场向卖方市场的转变,铁路旅客运输产品的概念应该是一个整体的概念,它包括核心产品、形式产品和附加产品3个层次。

1. 核心产品

从核心产品层次上说,铁路旅客运输产品是指在铁路旅客运输过程中实现的旅客在空间上的位移,其计量单位是"人·公里",在整个生产加工的过程中旅客本身没有发生任何改变。办理旅客运输业务的一些基层单位只参与到了旅客运输的部分过程(见表1-1),而各基层单位的产品更加明确了铁路旅客运输生产的目的性。

2. 形式产品

从形式产品层次上,铁路旅客运输产品就是可供旅客选择乘坐的不同档次的列车或同一档次列车的不同席别、铺位。它是核心层产品在形式上的表现,铁路旅客运输产品只有通过形式产品才能得以实现。

3. 附加产品

从附加产品层次上说,铁路旅客运输企业提供给旅客的是购票、候车、行包托运、列车上的旅行服务及信息咨询、行包托运等服务。

基层单位产品　　　　　　　　　　　　　　　　表1-1

输入原料	加工	输出产品	计算单位
旅客 $\begin{cases}发送\\到达\end{cases}$	售票(中转签字) 进站候车 上车(出发) 下车 出站	发送(出)旅客 到达(出站)旅客	人
行李包裹 $\begin{cases}发送\\到达\end{cases}$	承运(中转) 装车(挂出) 卸车 交付	发送(出)行包 到达(出站)行包	件、批、吨

二、旅客运输产品的特点和质量特性

(一)旅客运输产品的特点

1. 无形性

铁路旅客运输生产的产品是无形的产品,其核心产品就是旅客在空间上的位移。

2. 差异性

铁路旅客运输是以服务旅客为中心的社会性服务行业。但由于人们的个性差异,使铁路旅客运输服务的效果有所不同。比如:服务人员自身的原因,服务人员会受因为自己的心理状态、身体状况等因素影响,不同的服务人员在同一岗位上会有不同的表现,从而产生不同的服务效果。即使是同一服务人员也可能会因时间或服务对象的不同而表现出不同的服

务水平。另外,由于旅客直接参与服务过程,旅客自身的因素或旅客之间相互的影响也会影响旅客在旅途中的感受和心情进而影响到服务的质量。

3. 易逝性

旅客位移的生产和消费过程同时进行,服务过程一结束,服务就消失,旅客即使不满意也无法更换或退回服务。所以它不像有形的产品可以通过更换来满足旅客,挽回影响。

(二)旅客运输产品的质量特性

铁路旅客运输产品虽不具有实物形态,是无形的,但也有它的质量特性。旅客也是根据这些质量特性能否满足需要或满足的程度来判断旅客运输产品质量的好坏。旅客运输产品的质量特性,包括安全、迅速、准确、经济、便利、舒适和文明服务等方面。

1. 安全性

安全是旅客选择铁路作为出行交通工具的重要标准之一。《中华人民共和国合同法》规定:承运人必须将旅客及时、准确、安全、迅速地送达目的地。旅行过程中的安全包括人身安全和财产安全。承运人应保证旅客携带的物品、托运的行李、包裹,在旅行的过程中完好无损。

2. 快速性

速度成为当今旅客评价铁路旅客运输服务质量的主要影响因素之一。速度越快,旅客在旅途中所耗费的时间就越少,减少了旅客的在途时间就可以提高铁路旅客运输的服务质量。

3. 准确性

旅客列车应按列车时刻表规定的时间准时发车,正点将旅客运送至目的地,不应随便晚点。因此,铁路旅客运输企业必须采取一切措施,正点运行,准时到达以满足旅客对准确性的要求。

4. 经济性

车票的票价是铁路旅客运输产品的货币表现形式。对旅客而言,票价直接影响到他们的出行成本。所以,铁路在制定票价时应考虑广大人民群众的生活水平,尽可能地降低成本,为旅客提供更经济的旅行方式。

5. 方便性

铁路应该在旅客购票、上车、下车、行包托运等方面提供便利,手续要力求简便,一切从方便旅客出发。例如:在春运期间适当增加售票地点和窗口,提倡互联网订票和电话订票,车站内增设自动取票机等。这些有效的措施,可以减少很多不必要的手续和中间环节,为旅客创造便利条件。

6. 舒适性

随着人民物质文化生活水平的提高,人们对旅行舒适度的要求不断提高。因此,铁路运输企业就必须改善客车车辆的技术性能和车厢内部设备以及车站的服务设施等,最大限度地满足旅客对舒适性的要求。

第三节 铁路旅客运输服务

铁路旅客运输的特点决定了铁路运输企业的核心在于提供优质的服务,所以服务的质量是决定运输企业命运的关键。铁路运输服务作为铁路运输系统中重要的组成部分,它不仅是反映服务质量的一个重要因素,也是保证运输企业竞争力的关键。

一、铁路旅客运输服务的分类

1. 按照旅客参与服务活动的程度划分

按照铁路运输企业提供服务的过程中与旅客的接触程度,可将服务划分为高接触性服务、中接触性服务和低接触性服务等3大类(见表1-2)。

(1)高接触性服务

高接触性服务是指旅客亲自到服务场所,在服务活动中参与其中全部或大部分过程,并且积极地配合服务工作人员的组织工作。

(2)中接触性服务

中接触性服务指旅客部分地或在局部时间内参与服务活动过程,旅客不必一直在场。

(3)低接触性服务

低接触性服务指消费者与服务提供者接触较少,他们的接触大部分要借助于电子媒体等设备。

表1-2 旅客在服务中的接触度

旅客接触程度	铁路旅客运输环节	服务流程
低接触性服务	信息系统与平台	信息查询
中接触性服务	售票	购票
高接触性服务	车站服务	候车
		上车
	列车服务	途中旅行
	车站服务	下车
		出站

2. 按照服务时间和销售时间划分

按照服务时间和销售时间,可将服务划分为售前服务、售中服务和售后服务3种。

(1)售前服务

售前服务是指旅客在购票之前接受的服务。主要包括:问询服务或旅客先上了车后进行补票等。

(2)售中服务

售中服务是指旅客在购票的过程中接受的服务。主要包括:问询服务、购票服务等。

(3)售后服务

售后服务是指旅客在购票后接受的全部服务。在铁路旅客运输服务中,大部分的服务都属于售后服务。主要包括:检票服务、列车服务等。

3. 按照提供服务的主体划分

按照提供服务的主体,可将服务划分为自助服务和人工服务两种。

(1)自助服务

自助服务是指通过设施设备来向旅客提供的服务,例如:自动售票机提供的售票服务;自动检票机提供的检票服务。

(2)人工服务

人工服务是指服务工作人员与旅客的询问、交流而向旅客提供的服务,例如:安检服务、售票服务等。

4. 按照旅客与企业关系的划分

按照旅客与企业的关系,可以划分为会员关系服务和非会员关系服务两种。

(1)会员关系服务

会员关系的服务是指向旅客提供的比较固定的服务,例如:铁路对通勤的旅客提供乘车证和一些优惠政策。

(2)非会员关系服务

非会员关系的服务是指向偶然性的旅客提供的服务。

二、铁路旅客运输服务的特点

服务是一种可供销售活动中,以等价交换的形式,为满足企业、公共团体以及其他社会公众需求,而提供的劳务活动,因此,铁路旅客运输服务具有以下特点(见表1-3)。

旅客运输服务与有形产品的比较　　　　表1-3

旅客运输服务	有形产品
形式不同	形式相似
生产与消费同时发生	生产与消费不同时发生
劳务过程	实物
旅客参与生产过程	消费者不参与生产过程
不可以储存	可以储存
无所有权转让	有所有权转让

1. 无形性

铁路客运服务的目的是交易和满足顾客需要,在本质上是无形的和不发生实物所有权的转移,它看不到、摸不着也不能品尝。

由于铁路旅客运输服务是无形的,旅客在购买这种服务之前无法预测自己能得到什么样的服务,这也给旅客带来了一定的购买风险。旅客一般都是通过广告宣传或口头许诺及他人的经验等来决定是否购买,然后根据自己的感受来评价服务的好坏。

2. 同步性

铁路旅客运输服务的生产过程和旅客的消费过程同时进行,不能分离。往往旅客会参与服务的过程,享受服务的价值。服务人员的行为会影响到旅客今后的购买决策,所以服务人员在服务的过程中还需要掌握正确的服务方式。

旅客作为参与者对服务提出了较高的要求,若对服务的设计符合旅客的需求,就会提高服务质量,反之,则相反。另外,旅客在服务活动中也会发挥其积极作用,比如:旅客的知识、经验等都会影响到服务的效果。

3. 易逝性

铁路旅客运输企业为旅客服务之后,服务就立即消失,旅客即使不满意也无法更换或是退回服务。服务的产品一旦未被购买或消费,其价值就永远失去了,不可储存。铁路运输生产方式是以列车运行方式进行的,在运输过程中必须确保旅客的人身安全,一旦造成旅客伤亡,就会造成难以挽回的损失。铁路旅客运输服务的易逝性使企业对服务的供给量及服务时间难以进行准确的预测,从而造成客运服务能力供给不足或浪费。

4. 差异性

铁路旅客运输服务的效果因时、因人而异,任何的心理变化或条件都有可能出现不同的服务质量。不同年龄段、不同性格、不同文化程度和素质的服务人员为旅客提供的服务是不同的。服务质量不仅与服务人员的服务态度和服务能力有关,也和旅客有关,不同层次的旅客会对服务质量有不同的看法。服务的差异性给服务的评价带来了更多的不可量化性。

5. 不可转移性

铁路旅客运输服务产品的所有权不可转移,旅客购买服务的费用直接转化为自己对服务的体验。

第四节 铁路旅客运输服务质量

目前各运输行业竞争日趋激烈,铁路旅客运输要想在竞争中赢得主动,就必须提高服务质量。服务质量的好坏直接影响旅客的切身利益,影响客运企业的信誉。

一、影响铁路旅客运输服务质量的因素

铁路旅客运输服务质量受3个方面的影响,即人员因素、硬件因素和软件因素。在铁路旅客运输服务中这三者相辅相成,缺一不可,构成了服务的三角关系。其中,硬件因素和软件因素相对来说比较稳定,而人员因素会随不同时间或不同条件而有所不同,所以,人员因素也是影响服务质量的关键因素。

1. 人员因素

(1) 积极心态

积极的心态可以使旅客产生亲切感,增加自信,所以服务工作人员应以诚恳的态度主动关心旅客,真正了解旅客的所需所想;对旅客提出的问题要认真聆听,尽快回复,灵活处理好每一位旅客的需求。

(2) 仪容仪表

作为铁路旅客运输服务人员需要时刻保持服装整洁,正确佩戴工牌,妆面干净、端庄、大方,留给旅客一个好的第一印象。

(3) 服务技巧

服务工作人员经常和旅客打交道,难免会遇到一些棘手的问题,所以应不断学习,对新的规章要熟悉,并且熟知相应的法律法规,将这些规章、标准、流程融入服务当中去,提高服务水平。

2. 硬件因素

旅客直接参与服务过程,对服务环境的照明、温度、湿度,服务设施设备,车站的布局,导向标识的设置等也有很高的要求,比如:在购票的过程中旅客不希望排队;在旅行的过程中,旅客不希望列车颠簸等。

服务工作人员应有安全意识,及时发现并制止违法行为,礼貌地劝阻旅客的不当行为,尽量减少意外的发生。在车站合理设置导向标识,让旅客能够安全、方便、顺利地完成整个出行。

3. 软件因素

铁路旅客运输服务的服务系统、服务流程、服务方法等要尽可能地完善,以满足不同旅

客的需求,提高服务质量。

二、铁路旅客运输服务质量的标准

铁路旅客运输市场的需求变化迅速,在与其他运输方式的竞争中相当大程度上是服务质量的竞争,所以,铁路必须建立一套科学合理、完整规范的服务标准来提高作业效率,保证服务质量。

制定的服务质量标准应高低适度,符合现行的规章,具有很强的可操作性,体现人性化服务。对旅客接受服务的整个过程中的每个环节细化,分析出其关键因素,将其转化为标准,在不断地评估和修正中完善服务质量标准,将服务质量标准化。比如:服务设施设备的数量、质量标准,服务流程的标准,服务人员的仪表、表达、态度等标准。

三、铁路旅客运输服务补救

旅客在接受服务之前,对服务一般都有个期望,想象自己应该能得到一个什么样的服务,当服务结束,旅客就会对服务有了感知,了解了实际的服务是什么样的。如果旅客感到满意,则会认为服务质量良好;如果旅客感到欣喜,则会认为服务质量卓越;而当旅客感到不满意的时候,则会认为服务质量很差。此时,我们就应该及时采取服务补救,弥补服务的过失。

1. 早期预测

在可能发生服务失误之前,先采取预防措施,找出服务工作人员最容易产生失误的环节,学习服务补救技巧,降低因服务失误造成的不良影响的概率。

2. 快速回应

服务一旦失误,铁路旅客运输企业就应该迅速作出回应,这样补救工作才有可能有效,以利于留住更多的旅客。

3. 主动热情

服务工作人员要表现出尊重、礼貌、同情,解决问题的过程中应该对旅客作出解释,分析原因,让旅客感受到充分的尊重和服务人员的努力。

4. 吸取教训

铁路旅客运输企业应该定期组织服务人员培训学习,从实际工作经历中学习补救措施,从失去的旅客身上学习补救措施,保证在需要其迅速作出反应的场合采取及时、恰当的补救措施。

 复习思考题

1. 铁路旅客运输的特点是什么?
2. 铁路旅客运输的产品是什么?
3. 铁路旅客运输产品的特点和质量特性各是什么?
4. 铁路旅客运输服务的含义是什么?
5. 服务质量问题的影响因素有哪些?

第二章 铁路旅客运输服务质量规范

随着铁路旅客运输市场的不断发育成熟,其他旅客运输方式之间的竞争也愈发激烈。铁路客运市场需求变化迅速,铁路旅客运输面临的形势日益严峻。在激烈的竞争中除输送方式本身的优势外,相当大的程度上是服务质量的竞争。因此,必须建立一套科学合理、完整的服务质量规范,以保证客运服务质量和提高作业效率。

旅客旅行的基本需求可分为物质要求和精神需求两大类。物质是基础,它是服务质量的重要条件。如:安全正点、设施与设备、饮食与卫生、舒适与方便等。这些都是服务需求的物质条件。它们的质量好坏,会直接影响服务质量,它们的质量是整个服务质量的重要组成部分。有了被旅客认为满意的物质基础,这仅仅是服务质量的一部分。铁路为旅客提供的运输和服务与旅客对旅行和服务的消费需求是同时进行的,旅客不但需要良好的特质条件,同时也需要服务者对他们的尊重与友好、文明与礼貌、热情与诚恳、亲切与关怀等良好的服务态度。这些都会使被服务者得到心理和精神上的满足——服务质量的含义,就是指通过服务的各项工作,满足旅客在旅行消费过程中的物质性需求和精神性需求,使被服务者满意,这正是服务质量的基本规范。

开行了动车组列车以后,对旅客旅行需求是一个极大的开发,其旅行需求标准的提高更加显现激发了每位旅客的法律意识和维权意识。而当前旅客需求心态发生了如下几个方面的变化:

(1)服务对象的层次在提高。随着我国社会经济的不断发展和人民生活水平的普遍提高,旅客成分在公务旅客、探亲旅客、民工旅客、学生旅客继续增加的同时,观光旅游旅客、商务旅客增速加快,特别是这部分旅客文化层次高、社会地位高、经济收入高,对服务的要求也高。

(2)服务对象对服务的诉求在提高。现存旅客服务不但对功能性服务要求较高,而且对心理服务的要求也在增加,对个性化服务需求日趋突出。特别是旅客维权意识日趋增强,使服务缺陷面临着道德和法律的共同监督。

(3)服务对象对服务的标准在提高。一方面旅客对服务的亲切感、新鲜感要求提高,对服务标准的定位更注重于心里的满足。随着开行青藏线旅客列车和动车组列车,旅客对服务标准与国际先进服务标准接轨的期望更加强劲。

(4)服务地位在提高。随着我国社会的发展进步,服务的社会地位也日益提高。列车服务对于展示我国社会主义精神文明建设和社会进步成果的作用更加突出。随着企业竞争的日益加剧,它已不再是原来意义上的一个从起始服务到终结服务的工作过程,而是一个产品和市场。企业和社会相连接的过程,是企业增强市场竞争力的核心要素。

(5)服务条件在提高。随着动车组的开行及新型空调列车的改进,车体设计先进、车厢内漂亮高雅、温度四季如春,这在客观上要求我们必须在一流的设备上提供一流的服务。旅客需求变化,也在带动服务内涵的不断进步和丰富。

第一节 《铁路旅客运输服务质量规范》(车站)主要内容

一、客运安全

(1)安全制度健全有效,安全管理职责明确,能满足安全生产需要。

①有安全生产责任制、安全检查和安全质量考核、劳动安全、消防管理、食品安全、设施设备、安检查危、实名验证、结合部、现金票据安全、站台作业车辆安全、旅客人身伤害处理等管理制度和办法。

②有旅客候车、乘降、进出站、高铁快件保管和装卸等安全防范措施。

③与保洁、商业、物业、广告、安检、高铁快件等结合部有安全协议。

④有恶劣天气、列车停运、大面积晚点、启动热备车底、突发大客流、设备故障、客票(服)系统故障、火灾爆炸、重大疫情、食物中毒、作业车辆(设备)坠入站台、旅客人身伤害等非正常情况下的应急预案。

(2)安全设施设备配备齐全到位,功能良好。

①按规定配备危险品检查仪、安全门、危险品处置台、手持金属探测器、防爆罐等安全检查设施设备,正常启用,显示器满足查验不同危险品的需求。危险品检查仪、安全门、危险品处置台、防爆罐设在进站口旅客进站流线、高铁快件营业场所适当位置,不影响旅客通行。危险品检查仪延长端适当。

②按规定配备消防设备、器材,定期检测维护,确保合格有效。

③应急照明系统覆盖进出站、候车、售票、站台、天桥、地道等处所,状态良好。

④备有喇叭、手持应急照明灯具、应急车次牌、隔离设施等应急物品,定点存放。有应急食品储备或定点食品供应商联系供应机制。

⑤安全标志使用正确,位置恰当,便于辨识。电梯、天桥、地道口、楼梯踏步、站台有引导、安全标志。落地玻璃前有防撞装置和警示图形标志。

⑥电梯、天桥、楼梯悬空侧按规定设置防护装置,高度不低于1.7m。

(3)执行安全检查的规定:

①配备安检人员,有引导、值机、手检、处置。开启的危险品检查仪数量满足旅客进站需求。

②旅客和携带品必须通过安全门和手持金属探测器检查。安检口外开设的车站小件寄存处对寄存物品进行安全检查。

③安检人员持证上岗,佩戴标志。

④对检查发现和列车移交的危险物品、违禁品按规定处理。

(4)站区实行封闭式管理,旅客进出站乘降有序,站内无闲杂人员。进出站通道流线清晰,有管理措施。站台两端设置防护栅栏并有"禁止通行"标志。夜间不办理客运业务时,可关闭站区相应服务处所,但应对外公告。疏散通道、紧急出口、消防车通道等有专人管理,无堵塞。

(5)进入站台的作业车辆及移动小机具、小推车不影响旅客乘降,不堵塞通道;停放时在指定位置,与列车平行,有制动措施;行驶或移动时,不与本站台的列车同时移动,不侵入安全线,速度不超过10km/h。无非作业车辆进入站台。

（6）安全使用电源,无违规使用电源、电器。

（7）工作人员必须通过生产作业、消防、电器、电气化、卫生防疫、劳动人身等安全培训,特定岗位工作人员按规定通过相应岗位安全培训。安全培训应有计划、有记载、有考核。

（8）发生旅客人身伤害、突发疾病或接受列车移交的伤、病人员时,应及时联系医疗机构;造成旅客死亡或涉及违法犯罪的,应及时报告(通知)公安机关。

二、设施设备

（1）基础设施设备符合设计规范,定期维护,功能良好,无违规改造和改变用途。
有售票处、公安制证处、候车室、补票处、高铁快件营业场所、天桥或地道、站台、风雨棚、围墙(栅栏)等基础设施;地面硬化平整,房屋、风雨棚、天桥、地道无渗漏,墙面、天花板无开裂翘起脱落,扶手、护栏、隔断、门窗牢固完好,楼梯踏步无缺损,独立进出站楼梯有行李坡道。

（2）图形标志符合标准,齐全醒目,位置恰当,安装牢固,内容规范,信息准确。

①有位置标志、导向标志、平面示意图、信息板等引导标志,指引准确。站台两端各设有一个站名牌,进出站地道围栏、无障碍电梯、广告牌、垃圾箱(桶)、基本站台栅栏等站台设施,设有便于列车内旅客以正常视角快速识别的站名标志。各站台设有出站方向标志。

②根据各服务处所和服务设施设备的功能、用途设置揭示揭挂;采取电子显示屏、公告栏等方式公布规章文电摘抄、旅客乘车安全须知、客运杂费收费标准、客运服务质量规范摘要、高铁快件办理范围等服务信息。

③电子显示引导系统信息显示及时,每屏信息的显示时间适当,便于旅客阅读。

④售票处、候车区(室)、出站检票处和补票处设有儿童票标高线。

⑤售票窗口、自动售(取)票机、自动检票机前设置黄色"一米线",宽度10cm。

⑥采用中、英文;少数民族自治地区车站可按规定增加当地通用的民族语言文字。

⑦办理动车组列车旅客乘降业务的普速车站,设有动车组旅客专用的售票窗口、候车室。相关标志含有"和谐号"、CRH图标、图形符号内容三个基本元素,"和谐号"的字体为隶书、加粗,字号大于标志中的其他文字;高铁快件营业场所相关标志含有"高铁快递"、"CRHE"图标和高铁图形符号内容三个基本元素。

（3）旅客服务系统运行稳定可靠,自动检票、导向、广播、时钟、查询、求助、监控等旅客服务设施设备齐全,状态良好。

①有管理平台,采用"铁路局集中控制、大站集中控制、车站独立控制"模式,有用户管理和安全保密制度。

②售票处、候车区、站台有时钟,显示时间准确。

③广播覆盖各服务处所,具备无线小区广播和分区广播功能;音箱(喇叭)设备设置合理,音响效果清晰。

④有电子显示引导系统,满足温度环境使用要求;室外显示屏具有防雨、防湿、防寒、防晒、防尘等性能。

a.特大、大型车站进站大厅(集散厅)设置进站显示屏,显示车次、始发站、终到站、开车时刻、候车区(检票口)、状态等发车信息。

b.候车区内设置候车引导屏,显示车次、始发站、终到站、开车时刻、检票口、状态等信息。

c.检票口处设置进站检票屏,显示车次、终到站、开车时刻、站台、状态等信息。

　　d.天桥、地道内设置进、出站通道屏,显示当前到发列车车次、始发站、终到站、站台、到开时刻、编组前后顺位等信息。

　　e.站台设置站台屏,显示当前车次、始发站、终到站、实际开点(终到站为到点)、列车前后顺位编组、引导提示等信息。

　　f.出站口外侧设置出站屏,显示到达车次、始发站、到达时刻、站台、状态等信息。

　　g.待机状态显示站名、安全提示、欢迎词等信息。

　　⑤售票处、候车区有自助查询终端,内容完整、准确。

　　⑥视频监控系统覆盖车站各服务处所,具备自动录像功能。录像资料留存时间不少于15天;涉及旅客人身伤害、扰乱车站公共秩序等重要的视频资料留存时间为一年。

　　⑦特大、大型车站候车等场所能为旅客提供无线互联网接入服务。

　　(4)售票设施设备满足生产需要,作用良好。

　　①售票窗口配备桌椅、计算机、制票机、居民身份证阅读器、双向对讲器、窗口屏、保险柜、验钞机等售票设备及具有录像、拾音、录音功能的监控设备;发售学生票、残疾军人票的窗口配备学生优惠卡、残疾军人证的识读器;退票、改签窗口配备二维码扫描仪;电子支付窗口配备POS机。

　　a.在窗口正上方设置窗口屏,显示窗口号、窗口功能、工作时间或状态等信息。

　　b.有对外显示屏,同步显示售票员操作的售票信息。

　　c.设置工号牌或采用电子显示屏,显示售票人员姓名、工号、本人正面2寸工作服彩色白底照片等信息。

　　②有剩余票额信息显示屏,及时、正确显示日期、车次、始发站、终到站、开车时刻、各席别剩余票额等售票信息。

　　③配备自动售、取票机,自动售票机具备现金或银行卡支付功能。

　　④补票处邻近出站检票闸机,配备桌椅、计算机、制票机、保险柜、验钞机、学生优惠卡识读器等售票设备和衡器,有防盗、报警设施。

　　⑤有存放票据、现金的处所和设备,具备防潮、防鼠、防盗、监控和报警功能。

　　(5)候车区布局合理,方便旅客。

　　①配备适量座椅,摆放整齐,不影响旅客通行。

　　②设有问讯处(服务台、遗失物品招领处),位置适当,标志醒目,配备信息终端和存放服务资料、备品的设备。

　　③设有饮水处,配备电开水器,有加热、保温标志,水质符合国家标准要求。可开启式箱盖的电开水器加锁,箱盖与箱体无间隙。

　　④设有卫生间,厕位适量。有通风换气和洗手池、干手器等盥洗设备,正常使用,作用良好。厕位间设置挂钩。

　　⑤电梯正常启用,作用良好。安全标志醒目,操作人员持证上岗(仅操作停止、启动、调整方向的除外);遇故障、维修时有停止使用等提示。

　　⑥省会城市所在地高铁特大、大型车站为商务座旅客设置独立的贵宾候车区,其他车站提供候车区域。

　　⑦检票口设自动检票通道和人工检票通道,配备自动检票机。已检票区域与候车区有围栏,封闭良好。

(6)实施车站全封闭实名制验证的,设有相对独立的验证口、验证区域、验证通道和复位口,并配备验证设备。

(7)高铁快件营业场所外有机动车作业场地和停车位。办理窗口有桌椅、计算机、制票机、扫描枪,使用行包信息系统,配有电子衡器和装卸搬运机具,电子支付窗口配备POS机。有施封钳等包装工具;有专用箱、集装袋、锁等包装材料。高铁快件作业场地分区合理,有防火、防爆、防盗、防水、防鼠设备。

(8)站台设有响铃设备,作用良好;地面标示站台安全线或安装安全门(屏蔽门),内侧铺设提示盲道;安全线内侧或安全门(屏蔽门)左侧设置上下车指示线标志,位置准确,醒目易识;设置的座椅、垃圾箱(桶)、广告灯箱等设施设备安装牢固,不影响旅客通行。

(9)给水站按规定设置水井、水栓;给水系统作用良好,水源保护、水质符合国家标准。按规定办理吸污作业的车站有吸污设备。

(10)客运人员每人配置手持电台,其他岗位按需配备,作用良好,具备录音功能。站台客运人员手持电台具备与司机通话功能。

(11)有设备管理制度和设备登记台账,有巡视检查、维护保养记录。发生故障立即报告,及时维修,影响旅客使用时设有提示。

三、文明服务

(1)仪容整洁,上岗着装统一,干净平整。

①头发干净整齐、颜色自然,不理奇异发型、不剃光头。男性两侧鬓角不得超过耳垂底部,后部不长于衬衣领,不遮盖眉毛、耳朵,不烫发,不留胡须;女性发不过肩,刘海长不遮眉,短发不短于两寸。

②面部、双手保持清洁,指甲修剪整齐,长度不超过指尖2mm,身体外露部位无纹身。女性淡妆上岗,保持妆容美观,不浓妆艳抹,不染彩色指甲。

③换装统一,衣扣拉链整齐。着裙装时,丝袜统一,无破损。系领带时,衬衣束在裙子或裤子内。外露的皮带为黑色。佩戴的外露饰物款式简洁,限手表一只、戒指一枚,女性还可佩戴发夹、发箍或头花及一副直径不超过3mm的耳钉。不歪戴帽子,不挽袖子和卷裤脚,不敞胸露怀;不赤足穿鞋,不穿尖头鞋、拖鞋、露趾鞋,鞋跟高度不超过3.5cm,跟径不小于3.5cm。

④佩戴职务标志(售票员除外),胸章牌(长方形职务标志)戴于左胸口袋上方正中,下边沿距口袋1cm处(无口袋的戴于相应位置),包含单位、姓名、职务、工号等内容。菱形臂章佩戴在上衣左袖肩下四指处。按规定应佩戴制帽的,在执行职务时戴上制帽,帽徽在制帽折沿上方正中。

(2)表情自然,态度和蔼,用语文明,举止得体,庄重大方。

①使用普通话,表达准确,口齿清晰。服务语言表达规范、准确,使用"请、您好、谢谢、对不起、再见"等服务用语。对旅客、货主称呼恰当,统称为"旅客们"、"各位旅客"、"旅客朋友";单独称为"先生、女士、小朋友、同志"等。

②旅客问讯时,面向旅客站立(售票员、封闭式问讯处工作人员办理业务时除外),目视旅客,有问必答,回答准确,解释耐心。遇有失误时,向旅客表示歉意。对旅客的配合表示谢意。

③坐立、行走姿态端正,步伐适中,轻重适宜。在旅客多的地方先示意后通行;与旅客走对面时,主动让路,面向旅客侧身让行,不与旅客抢行。列队出(退)勤时,按规定线路行走,

步伐一致。多人行走时,两人成排,三人成列。

④立岗姿势规范,精神饱满。站立时,挺胸收腹,两肩平衡,身体自然挺直,双臂自然下垂,手指并拢贴于裤线上;脚跟靠拢,脚尖略向外张呈"V"字形。女性可双手四指并拢,交叉相握,右手叠放在左手之上,自然垂于腹前;左脚靠在右脚内侧,夹角为45°,呈"丁"字形。

⑤迎送列车时,足踏安全线,不侵入安全线外,面向列车方向目迎目送,以列车进入站台开始,开出站台为止。办理交接时行举手礼,右手五指并拢平展,向内上方举手至帽檐右侧边沿,小臂形成45°角。

⑥清理卫生时,清扫工具不触碰旅客及携带物品。挪动旅客物品时,征得旅客同意。需要踩踏座席时,带鞋套或使用垫布。占用洗脸间洗漱时,礼让旅客。

⑦不高声喧哗、嬉笑打闹、勾肩搭背;不在旅客面前吃食物、吸烟、剔牙齿和出现其他不文明、不礼貌的动作;不对旅客评头论足,接班前和工作中不食用异味食品。

(3)站容整洁,环境舒适。

①干净整洁,窗明地净,物见本色。

a. 地面干净无垃圾;玻璃和墙壁透明无污渍、无涂鸦。电梯、扶手、护栏、座椅、台面、危险品检查仪、危险品处置台等处无积尘、污渍。卫生间通风良好,干净无异味,地面无积水,便池无积便、积垢,洗手池清洁无污垢。饮水处地面无积水,饮水机表面清洁无污渍,沥水槽无残渣。站台、天桥、地道等地面无积水、积冰、积雪,股道无杂物。

b. 各服务处所设置适量的垃圾箱(桶),外表保持清洁;内配的垃圾袋材质符合国家标准,厚度不小于0.025mm,无破损、渗漏,每日消毒一次。垃圾车外表无明显污垢,垃圾不散落,污水不外溢。垃圾应及时清运,储运密闭化,固定通道,日产日清。

c. 保洁工具定点隐蔽存放。设有供保洁作业使用的水、电设施和存放保洁机具、清扫工具的处所,不影响旅客候车、乘降。

d. 由具备资质的专业保洁企业保洁,使用专业保洁机具和清洁工具,清洗剂符合环保要求,不腐蚀、污染设备备品。保洁人员经过保洁专业知识和铁路安全知识培训合格,持证上岗。墙壁、玻璃、隔断、护栏等2m以下的部位每日保洁;2m以上的部位及顶、棚等设施定期保洁。车站对保洁作业有检查、有考核。

②通风良好,温度适宜,空气质量符合国家规定。室内温度冬季18~20℃,夏季26~28℃。高寒地区站房进出口处有门斗和风幕(防寒挡风门帘)。

③照明充足,售票处、问讯处(服务台)、高铁快件营业场所照明照度不低于150勒克斯;候车区照明照度不低于100勒克斯;站台、天桥及进出站地道照明照度不低于50勒克斯。

④各服务处所按规定开展"消毒、杀虫、灭鼠"工作,蚊、蝇、蟑螂等病媒昆虫指数及鼠密度符合国家规定。

⑤服务备品齐全完整,质地良好,符合国家环保规定。卫生间配有卫生纸、芳香球、洗手液(皂)、擦手纸(干手器);坐便器应配一次性坐便垫圈,并及时补充。落客平台、站台应设置的垃圾箱(桶)上有烟灰盒。分设照明开关,使用节能灯具,根据自然光照度及时开启或关闭照明。用水处有节水宣传揭示。

(4)广播语音清晰,音量适宜,用语规范,内容准确,播放及时。

①通告列车运行情况、检票等信息,有禁止携带危险品进站上车、旅行安全常识、公共卫生和候车区禁止吸烟等宣传。

②使用普通话。少数民族自治地区车站可根据需要增加当地通用的民族语言播音。特

大、大型车站使用普通话和英语双语播报客运作业信息;中型车站可增加英语播报客运作业信息。

③采用自动语音合成方式,日常重点内容播音录音化。

(5)全面服务,重点照顾。

①无需求无干扰。配备自动售(取)票机、自动检票机、电子显示屏等服务设备;通过广播、揭示揭挂、电子显示等方式宣传服务设备的使用方法,方便旅客自助服务。

②有需求有服务。售票处、候车区公布中国铁路客户服务中心客户服务电话(区号+电话号码),特大、大型车站设有服务品牌,受理旅客咨询、求助、投诉,专人负责,及时回应。实行首问首诉负责制,旅客问讯时,有问必答,回答准确;对旅客提出的问题不能解决时,指引到相应岗位,并做好耐心解释工作。接听电话时,先向旅客通报单位和工号。

③重点关注,优先照顾,保障重点旅客服务。

a. 按规范设置无障碍设施设备。售票厅设无障碍售票窗口。特大、大型车站候车室设有重点旅客候车区和特殊重点旅客服务点(可与问讯处、服务台等合设),位置醒目,便于寻找,并配备轮椅、担架等辅助器具;特大型车站内设相对封闭的哺乳区;在检票口附近等方便的区域设置黄色标志的重点旅客候车专座。卫生间设无障碍厕所。设有无障碍电梯,并能正常使用。盲道畅通无障碍。

b. 重点旅客可优先购票、优先进站、优先检票上车。

c. 根据需求为特殊重点旅客提供帮助,有服务,有交接,有通报。

④尊重民族习俗和宗教信仰。少数民族自治地区车站可按规定在图形标志增加当地通用的民族语言文字,可根据需要增加当地通用的民族语言播音。

⑤旅客在站内遗失物品时,应帮助(或广播)查找;收到旅客遗失物品应及时登记、公告,登记内容完整,保管措施妥当,处置措施合法。

四、客运组织

(一)售票

(1)提供窗口、自动售(取)票机、铁路客票代售点等多种售票渠道;售票网点布局合理,管理规范。

①售票窗口和自动售(取)票机设置、开放的数量适应客流量,日常窗口排队不超过20人。

②办理售票、退票、改签、换票、取票、挂失补办、中转签证等业务;发售学生票、残疾军人票、乘车证签证等各种车票;支持现金、银行卡等支付方式。

(2)在售票处醒目位置公布售票时间和停售时间,开窗时间不晚于本站首趟列车开车前1小时,关窗时间不早于本站最后一趟列车办理客运业务后30分钟。工作时间内暂停售票时设有提示。用餐或交接班时间实行错时暂停售票。

(3)自动售(取)票机及时补充票据、零钞和凭条。设备故障等异常状况处置及时。

(4)票据、现金妥善保管,票面完整、清晰。票据填写规范,内容准确、无涂改,按规定加盖站名戳和站名章。

(二)进站、候车、检票组织

(1)按规定实行实名制验证,核验车票、有效身份证件原件与旅客的一致性。无法实施全封闭实名制验证的在检票口组织验证。验证与检票分离的车站对热门车次在检票口进行二次验证。

(2)秩序良好,通道畅通,安检日常旅客排队进站等候不超过5分钟。

(3)候车室(区)旅客可视范围内有客运人员,及时巡视、解答旅客咨询、妥善处置异常情况。特大、大型车站设有值班站长。贵宾候车区按规定配备专职服务员以及验票终端等服务设备,提供免费小食品、饮品、报刊等服务。

(4)开始、停止检票时间的设置适应客流量和站场条件,进站口有提前停止检票时间的提示。开始检票或列车到站前,通告车次、停靠站台等检票信息。

(5)自动检票机通道和人工检票通道正常启用,通道数量适应客流情况,并设有商务座旅客快速检票通道。设两侧检票口的,对长编组、重联动车组列车同时开启。按照先重点、后团体、再一般的原则,引导旅客通过自动检票机、人工检票通道分别排队等候、检票进站;宣传自动检票机的使用方法,提醒旅客拿好车票或身份证,防止尾随。具备居民身份证自动识读检票条件的自动检票机正常启用。人工检票口核验车票和其他乘车凭证,对车票加剪。

(6)对无票、日期车次不符、减价不符、票证人不一致等人员按规定拒绝进站、乘车。

(7)停止检票前,通告候车室,无漏乘;停止检票时,关闭检票口,通告候车室和站台。

(三)站台组织

(1)站台客运人员提前到岗,检查引导屏状态和显示内容、站台及股道情况。

(2)按站台车厢位置标志在站台安全线或屏蔽门内组织旅客排队等候,有序乘降。铃响时巡视站台,无漏乘。

(3)办理站车交接,短编组动车组列车在4、5号车厢之间,长编组动车组列车在8、9号车厢之间,重联动车组列车在列车运行方向前组第7、8号车厢之间。

(4)开车时间前30秒打响开车铃,铃声时长10秒。

(5)同一站台有两趟动车组列车同时进行乘降作业时,有宣传,有引导,无误乘。站台一侧邻靠线路有动车组列车通过时,另一侧停止旅客乘降或设防护栏防护。

(四)出站组织

(1)出站检票人员提前到岗,检查自动检票机、出站显示屏状态和内容。

(2)引导旅客通过自动检票机和人工检票通道检票出站,具备居民身份证自动识读检票条件的自动检票机正常启用。人工检票口核对车票及其他乘车凭证,对未加剪的车票进行补剪,做到秩序良好,防止尾随。

(3)对违章乘车旅客及违章携带物品进行正确处理;票款收付准确。

(4)列车出站后及时清理,站台、通道无滞留人员。

(5)换旅客流大的车站根据需要设置站内换乘流线,配备相应的设备和引导标志。

(五)高铁快件作业

(1)设置承运、交付办理窗口,提供托运单、高铁快件快递面单和必要的填写用具。

(2)承运高铁快件及时准确,品名相符,实名验证,逐件安检,正确检斤、制票,唱收唱付。"站到站"和"站到门"高铁快件按到站和服务产品正确分拣、装箱。

(3)装卸、搬运高铁快件轻搬轻放,堆码整齐。装车时,合理计划,按方案装载,站、车认真核对、准确交接;装车完毕后应及时确认信息,做到不逾期、不破损、不丢失。

(4)运输过程中发生高铁快件包装松散、破损时,有记录、有交接。

(5)到站卸车提前到位,立岗接车,准确交接。集装件外包装、施封破损或集装件短少的,凭客运记录或现场检查,核实现状,办理交接。

(6)到达高铁快件核对票据,妥善保管,及时通知,正确交付。"站到站"和"站到门"集装件双人拆箱,一箱一清。对无法交付的高铁快件按规定处理。

(7)认真处理站间运输高铁快件差错,发生高铁快件损失比照行李包裹损失处理有关规定执行,先赔付、后定责。

(8)作业区无闲杂人员出入,无非高铁快件工作人员查找、搬运。发现非工作人员持集装件出站时应当场制止。

(9)高铁快件装卸人员应经过装卸作业知识、技能和铁路安全知识培训合格,持证上岗。

(六)列车给水、吸污作业

(1)给水站应根据给水方案配备给水人员,防护用具齐全,按指定线路提前到指定位置接送车,有人防护,同去同回。

(2)按规定程序及时上水,始发列车必须满水,中途站按给水方案补水,有注水口的挡板锁闭,水管回卷到位(管头插入上水井内)。吸污站按规定进行吸污作业,保持作业清洁。作业完毕,向站台客运人员报告。

(七)应急处置

(1)遇恶劣天气、列车停运、大面积晚点、启动热备车底、突发大客流、设备故障、客票(服)系统故障、火灾爆炸、重大疫情、食物中毒、作业车辆(设备)坠入站台、旅客人身伤害等非正常情况时,应及时启动应急预案,掌握售票、候车、旅客滞留、高铁快件等情况,维持站内秩序,准确通报信息,做好咨询、解释、安抚等善后工作。

①列车晚点15分钟以上时,根据调度通报,公告列车晚点信息,说明晚点原因、晚点时间,广播每次间隔不超过30分钟。电子显示屏实时显示。按规定办理退票、改签或提供免费饮食品,协调市政交通衔接。

②遇列车在车站空调失效时,站车共同组织;必要时,组织旅客下车、换乘其他列车或疏散到车站安全处所。到站后按规定退还票价差额。

③遇车底变更时,车站按车底变更计划调整席位,组织旅客换乘,告知列车,并按规定办理改签、退票手续。

④遇售票、检票系统故障时,组织维护部门进行故障排查,按规定启用应急售票、换票程序,组织人工办理检票。

⑤遇列车故障途中需更换车底时,在车站换乘的,由客调通知换乘站;高铁快件到站,由换乘站组织集装件换车。在区间换乘的,集装件不换至救援车,由故障车所在地铁路局根据救援方案一并安排随车运送至动车所在地高铁车站,动车所所在地高铁车站编制客运记录并安排最近车次运送至到站。

(2)有应急预案培训和演练,有记录,有结果,有考核。

(3)春、暑运等客流高峰时期,换票、验证、安检、进站等处所设有快速(绿色)通道。

五、商业、广告经营

(1)站内商业场所、位置、面积、业态布局统一规划,不占用旅客候车空间,不影响旅客乘降流线;统一标志、统一服务内容、统一服务标准,有商业经营管理规范,对经营行为有检查、有考核。

(2)经营单位持有效经营许可证,经营行为规范,明码标价,文明售货,提供发票。不出售禁止或限量携带等影响运输安全的商品;不出售无生产单位、无生产日期、无保质期、过期、变质以及口香糖等严重影响环境卫生的食品。无诱导旅客接受代搬行李服务的消费。

(3)餐饮食品经营场所环境卫生符合要求,用具清洁、消毒合格,生熟食品分开。销售散装熟食品时,有防蝇、防尘措施,不徒手接触食品。

(4)站内广告设置场所、位置、面积、形式统一规划,广告设施安全牢固,形式规范,内容健康,与车站环境相协调。不挤占、遮挡图形标志、业务揭示、安全宣传等客运服务信息,不影响客运服务功能,不影响安全。旅客通道内安装的广告牌使用嵌入式灯箱,突出墙面部分不超过200mm,棱角部位采取打磨、倒角处理。除围墙、栅栏外,无直接涂写、张贴式广告。广播系统不发布音频广告。播放视频时不得外放声音。

六、基础管理

(1)管理制度健全,有考核,有记载。定期分析安全和服务质量状况,具体整改措施应有针对性。

(2)业务资料配置到位,内容修改及时、正确。

(3)各工种按岗位责任各负其责,相互协作,落实作业标准。

(4)业务办理符合规定,票据、台账、报表填写规范、清晰。营运进款结算准确,票据、现金入柜加锁,及时解款。

(5)定期召开站区结合部协调会,有监督,有检查,有考核。

(6)定期开展职业技能培训,培训内容适应岗位要求,评判准确。

七、人员素质

(1)身体健康,五官端正,持有效健康证明。新职人员具备高中(职高、中专)及以上文化程度。

(2)持有效上岗证,经过岗前安全、技术业务培训合格。客运值班员、售票值班员、客运计划员、综控室操作人员从事客运服务工作满2年。综控室操作人员具备广播员资质。

(3)熟练使用本岗位相关设施设备,熟知本岗位业务知识和职责,掌握本岗位应急处置作业流程,具备应对突发事件的能力。

第二节 《铁路旅客运输服务质量规范》(列车)主要内容

一、安全秩序

(1)防火防爆、人身安全、食品安全、现金票据、结合部等安全管理制度健全有效。

(2)出、入动车所前,由车辆、客运人员对上部服务设施状态进行检查,办理一次性交接;运行途中,发现上部服务设施故障时,客运乘务人员应立即向列车长报告,并通知随车机械师共同确认、处理。

(3)各车厢灭火器、紧急制动阀(手柄或按钮)、烟雾报警器、应急照明灯、防火隔断门、紧急门锁、紧急破窗锤、气密窗、厕所紧急呼叫按钮及车门防护网(带)、应急梯、紧急用渡板、应急灯(手电筒)、扩音器等安全设施设备配置齐全,作用良好,定位放置。乘务人员知位置、知性能、会使用。

(4)安全使用电源,正确使用电气设备。电气元件安装牢固,接线及插座无松动,按钮开关、指示灯作用良好；不乱接电源和增加电器设备，不超过允许负载。配电室（箱）、电气控制柜锁闭，无堆放物品。不用水冲刷车内地板、连接处和车内电器设备。

（5）餐车配置的微波炉、电烤箱、咖啡机等厨房电器符合规定数量、规格和额定功率，规范使用；使用中不离开操作区域，用后应及时断电、清洁。

（6）执行车门管理制度。

①列车到站停稳后，司机或随车机械师开启车门，并监控车门开启状态。开车前，列车长（重联时为运行方向前组列车长）确认站方开车铃声结束、旅客乘降、高铁快件和餐车物品装卸完毕后，通知司机或随车机械师关闭车门。

②CRH5型动车组列车停靠低站台时，到站前乘务人员提前锁闭辅助板指示锁并打开翻板；开车后及时将翻板及辅助板指示锁复位。

③餐车上货门仅供餐车售货人员补充商品、餐料时使用，无旅客乘降。

④列车运行中，车门、气密窗锁闭状态良好。定期巡视，保持通道畅通。发现车门未锁闭或锁闭状态不良时，应指派专人看守，并及时通知随车机械师处理。

（7）安全标志设置齐全、规范，符合标准。采用广播、视频、图形标志、服务指南等方式，宣传安全常识和车辆设施设备的使用方法，提示旅客遵守安全乘车规定。

（8）运行中做好安全宣传和防范，车内秩序、环境良好，无闲杂人员随车叫卖、拣拾、讨要。发现可能损坏车辆设施和影响安全、文明的行为应及时制止。

（9）全列各处所禁止吸烟，加强禁烟宣传；发现吸烟行为及时劝阻，并由公安机关依法查处。

（10）行李架、大件行李存放处物品摆放平稳、牢固、整齐。大件行李放在大件行李存放处，不占用席（铺）位，不堵塞通道。锐器、易碎品、杆状物品及重物等放在座（铺）位下面或大件行李存放处。衣帽钩限挂衣帽、服饰等轻质物品。使用小桌板不超过承重范围。

（11）发现旅客携带品可疑及无人认领的物品时，配备乘警的列车通知乘警到场处理；未配备乘警的列车由列车长处理，对危险品做好登记、保管及现场处置，并交前方停车站（公安部门）处理。

（12）发现行为、神情异常旅客时，重点关注，配备乘警的列车通知乘警到场处理；未配备乘警的列车由列车长处理，情形严重时交列车运行前方停车站（公安部门）处理。

（13）发生旅客伤病时，提供协助，通过广播寻求医护人员帮助；情形严重的，报告行车调度员。

（14）乘务人员进出车站和动车所（客车技术整备站）时走指定通道；通过线路时走天桥、人行地道；走平交道时做到"一停二看三通过"，不横越线路，不钻车底，不跨越车钩，不与运行中的机车车辆抢行。进出车站时集体列队。

（15）乘务人员在接班前须充分休息，以利于上班时保持充沛精力；不在班前、班中、折返站饮酒。

二、设施设备

（1）车辆设施设备齐全，符合动车组出所质量标准。

①乘务员室、监控室、多功能室、洗脸间、厕所、电气控制柜、备品柜、储藏柜、清洁柜、衣帽柜、大件行李存放处、软卧会客室等不挪作他用或改变用途。多功能室用于照顾重点旅客。

②车辆外观整洁,内外部油漆无剥落、褪色、流坠;车内顶棚不漏水,内外墙板及车内地板无破损、无塌陷、不鼓泡;渡板及各部位压条、压板、螺栓不松动、无翘起;脚蹬安装牢固,无腐蚀破损;手把杆无破损、松动。各部位金属部件无锈蚀。

③广播、空调、电茶炉、饮水机、照明灯具、电子显示屏、电视机、车载视频监控终端、控制面板、电源插座、车门、端门、儿童票标高线、地板、车窗、翻板、站台补偿器、窗帘、座椅、脚蹬、小桌板、靠背网兜、茶桌、座席号牌、衣帽钩、行李架、垃圾箱、洗手盆、水龙头、梳妆台、面镜、便器、洗手液盒、一次性坐便垫盒、卫生纸盒、擦手纸盒、婴儿护理台、镜框、洗脸间门帘、干手器、商务座车小吧台、呼唤应答器、阅读灯、软卧车铺位号牌、包房号牌、卧铺栏杆、扶手、呼叫按钮、沙发、报刊栏、餐车侧门、餐桌、吧台、冰箱、展示柜、微波炉、电烤箱、售货车等服务设施设备齐全,作用良好,正常使用,外观整洁,故障、破损后应及时修复。

④车厢通过台外端门框旁设儿童票标高线。儿童票标高线宽10mm、长100mm,距地板面分别为1.2m和1.5m,以上缘为限,距内端门框约100mm。

(2)车内各种服务图形标志型号一致,位置统一,安装牢固,齐全醒目,符合规定。

(3)车厢外部的电子显示屏显示列车运行区间、车次、车厢顺号等信息;车内电子显示屏显示列车运行区间、车次、车厢顺号、停站、运行速度、温度、中国铁路客户服务中心客户服务电话(区号＋电话号码)、安全提示等信息,显示应及时、准确。

三、服务备品

(1)服务备品、材料等符合国家环保规定,质量符合要求,色调与车内环境相协调。

(2)服务备品齐全,干净整洁,定位摆放。布制、易耗备品备用充足,保证使用。布制备品按附录规定的时间使用和换洗,有启用时间(年、月)标志。

①软卧车(含高级软卧车)——包房内有被套、被芯、枕套、枕芯、床单、垫毯、卧铺套、靠背套、茶几布、一次性拖鞋、衣架、不锈钢果皮盘、带盖垃圾桶、热水瓶、积水盘、面巾纸盒及服务指南、免费读物。备有托盘、热水瓶和一次性硬质塑料水杯。

②软卧代座车——包房内有卧铺套、靠背套、不锈钢果皮盘。包房门框上原铺位号牌处有座席号牌。备有热水瓶和一次性硬质塑料水杯。

③商务座车——提供小毛巾,就餐时提供餐巾纸、牙签。有耳塞、靠垫、鞋套、一次性拖鞋、清洁袋和专项服务项目单、服务指南、免费读物。备有防寒毯、耳机、眼罩、托盘、热水瓶和一次性硬质塑料水杯。

④特、一、二等座车——有清洁袋、免费读物和服务指南,放置在座椅靠背袋内或其他指定位置。有座椅套、头枕片;特、一等座车座椅有头枕。电茶炉配有纸杯架的,有一次性纸杯。乘务组备有热水瓶、耳塞和一次性硬质塑料水杯。

⑤餐车——有座椅套。有售货车、托盘、热水瓶、一次性硬质塑料水杯。备有餐巾纸、牙签。

⑥洗脸间有洗手液、擦手纸(或干手器)。

⑦厕所内有芳香盒和水溶性好的卫生纸、擦手纸;坐便器有一次性坐便垫圈;小便池内放置芳香球。

(3)贴身卧具(被套、床单、枕套)和头枕片干燥、清洁、平整,无污渍、无破损,已使用与未使用的折叠整齐,分别装袋保管。卧具袋防水、耐磨、干净,无破损。贴身卧具与其他布质备品分类洗涤;洗涤、存储、装运及更换不落地、无污染。

(4)卧车垫毯、被芯、枕芯等非贴身卧具备品干燥、清洁,无污渍、无破损,定期晾晒。被芯、枕芯先加装包裹套,再使用被套、枕套。包裹套定期清洗,保持干燥整洁。

(5)布制备品定位存放在储物(藏)柜内。无储物(藏)柜或储物(藏)柜容量不足的,软卧车定位放置在3、7、11号卧铺下。

(6)有厕所专用清扫工具,与车内清扫工具分开定位存放在清洁柜内;无清洁柜的定位隐蔽存放。商务座、特等座、一等座车厢不存放清洁工具。清扫工具、清洁剂材质应符合规定。

(7)清洁袋质地、规格符合规定,具有防水、承重性能。

(8)每标准编组车底配备2辆垃圾小推车;垃圾小推车、垃圾箱(桶)内用垃圾袋;垃圾袋符合国家标准,印有使用单位标志,与垃圾箱(桶)规格匹配,厚度不小于0.025mm。

(9)列车配有票剪、补票机、站车客运信息无线交互系统手持终端和GSM-R通信设备;乘务人员应配置手持电台。设备电量充足,作用良好。站车客运信息无线交互系统手持终端在始发前登录,途中应及时更新信息。

四、整备

(一)出库标准

(1)车厢内外各部位整洁,窗明几净,四壁无尘,物见本色。

①外车皮、站台补偿器内外、窗门框及玻璃、扶手干净、无污渍。

②天花板(顶棚)、板壁、边角、地板、连接处、灯罩、座椅(铺位)、空调口、通风口、电茶炉、靠背袋网兜内等部位清洁卫生,无尘无垢无杂物。

③热水瓶、果皮盘、垃圾箱(桶)、洗脸间内外洁净。

④餐车橱、柜、箱干净无异味,分类标志清晰;商品、餐(饮)品和备品等分类定位放置。

⑤厕所无积便、积垢、异味;地面干净无杂物。污物箱内污物排尽。

(2)深度保洁结合检修计划安排在白天作业,范围包括车厢天花板、板壁、遮阳板(窗帘)、灯罩、连接处、车梯、商务座椅表面、座椅(铺位)缝隙、座椅扶手及旋转器卡槽、小桌板脚踏板、暖气罩缝隙、洗手液盒、车厢边角,以及电茶炉、饮水机内部。

(3)布制品、消耗品和保洁工具等服务备品配备齐全,定位放置,定型统一。

①卧具叠放整齐、摆放统一,床单、头枕片、座席套、茶几布等铺设平整,干净整洁。

②清洁袋、洗手液、卫生纸、擦手纸、一次性坐便垫圈、服务指南、免费读物、商务座专项服务等备品补足配齐,定位放置。服务指南中含有旅行须知、乘车安全须知、本车型的设施设备介绍、主要停靠站公交信息、客运服务质量标准摘要及本趟列车销售的商品价目表、菜单。

③垃圾小推车等保洁工具及售货车等备品定位放置,不影响旅客使用空间。

(4)可旋转式座椅转向列车运行方向。

(5)定期进行"消、杀、灭",蚊、蝇、蟑螂等病媒昆虫指数及鼠密度符合国家规定。

(二)途中标准

(1)使用垃圾小推车和专用工具应适时保洁,保持整洁卫生。旅客下车后应及时恢复车容。

①各处所地面清扫应及时,干燥、干净;台面、桌面、面镜擦抹应及时,干净、无水渍。

②洗脸(手)池、电茶炉沥水盘清理、擦抹及时,无污渍、无残渣、无堵塞、无积水;垃圾车、

垃圾箱(桶)、清洁袋、靠背袋网兜、果皮盘清理及时,无残渣;厕所畅通无污物,无异味,并按规定吸污。

③餐车餐桌、吧台、工作台、微波炉及各橱、箱、柜内保持洁净。

(2)清洁袋、洗手液、卫生纸、擦手纸、一次性坐便垫圈等备品补充及时;卧具污染更换及时。

(3)垃圾装袋、封口、无渗漏,定位放置,在指定站定点投放;不向车外扫倒垃圾、抛扔杂物。

(三)终到标准

终到站时车内无垃圾、污水、粪便、异味。垃圾装袋、封口、无渗漏,到站定点投放。

(四)到站立即折返标准

(1)站台侧车外皮、门框、车窗干净,无污物、无积尘。

(2)车内地面清洁,行李架、大件行李存放处、扶手及座椅(铺位)、窗台上和靠背网兜内干净整洁;垃圾箱(桶)内无垃圾,无异味。

(3)热水瓶、果皮盘内外洁净,垃圾箱(桶)、洗脸间四周洁净。

(4)餐车橱、柜、箱干净无异味,分类标志清晰;商品、餐(饮)品和备品等分类定位放置。

(5)洗脸间、厕所面镜洁净;洗脸(手)池、便器无污物、无异味。电茶炉沥水盘洁净。

(6)布制品、消耗品和保洁工具等服务备品配备齐全,定位放置,定型统一。

①卧具叠放整齐,摆放统一,床单、头枕片、座席套、茶几布等铺设平整,干净整洁。

②清洁袋、洗手液、卫生纸、擦手纸、一次性坐便垫圈、服务指南、免费读物、商务座专项服务等备品补足配齐,定位放置。

③保洁工具、售货车等备品定位放置,不影响旅客使用空间。

(7)可旋转式座椅转向列车运行方向。

五、文明服务

(1)仪容整洁,着装统一,整齐规范。

①头发干净整齐、颜色自然,不理奇异发型、不剃光头。男性两侧鬓角不得超过耳垂底部,后部不长于衬衣领,不遮盖眉毛、耳朵,不烫发,不留胡须;女性发不过肩,刘海长不遮眉,短发不短于两寸。

②面部、双手保持清洁,身体外露部位无纹身。指甲修剪整齐,长度不超过指尖2mm,不染彩色指甲。

③女性淡妆上岗,唇线与口红的颜色一致;眉毛修剪整齐,眉笔和眼线为黑色或深棕色;眼影的颜色与制服一致;使用清香、淡雅型香水。工作中保持妆容美观,端庄大方。补妆及时,在洗手间或乘务间进行。不浓妆艳抹。

④换装统一,衣扣拉链整齐。着裙装时,丝袜统一,无破损。系领带时,衬衣束在裙子或裤子内。外露的皮带为黑色。佩戴的外露饰物款式简洁,限手表一只、戒指一枚,女性还可佩戴发夹、发箍或头花及一副直径不超过3mm的耳钉。不歪戴帽子,不挽袖子和卷裤脚,不敞胸露怀,不赤足穿鞋;不穿尖头鞋、拖鞋、露趾鞋,鞋跟高度不超过3.5cm,跟径不小于3.5cm。

⑤佩戴职务标志,胸章牌(长方形职务标志)戴于左胸口袋上方正中,下边沿距口袋1cm处(无口袋的戴于相应位置),包含单位、姓名、职务、工号等内容。菱形臂章佩戴在上衣左袖肩下四指处。按规定应佩戴制帽的工作人员,在执行职务时戴上制帽,帽徽在制帽折沿上方

正中。除列车长外,其他客运乘务人员在车厢内作业时可不戴制帽。

⑥餐车加热、供应餐食时,服务人员戴口罩、手套;女性穿围裙。

(2)表情自然,态度和蔼,用语文明,举止得体,庄重大方。

①使用普通话,表达准确,口齿清晰。服务语言表达规范、准确,使用"请、您好、谢谢、对不起、再见"等服务用语。对旅客、货主称呼恰当,统称为"旅客们"、"各位旅客"、"旅客朋友",单独称为"先生、女士、小朋友、同志"等。

②旅客问讯时,面向旅客站立(工作人员办理业务时除外),目视旅客,有问必答,回答准确,解释耐心。遇有失误时,向旅客表示歉意。对旅客的配合与支持,表示感谢。

③坐立、行走姿态端正,步伐适中,轻重适宜。在旅客多的地方,先示意后通行;与旅客走对面时,要主动侧身面向旅客让行,不与旅客抢行。列队出(退)勤(乘)时,按规定线路行走,步伐一致,箱(包)在同一侧。

④立岗姿势规范,精神饱满。站立时,挺胸收腹,两肩平衡,身体自然挺直,双臂自然下垂,手指并拢贴于裤线上,脚跟靠拢,脚尖略向外张呈"V"字形。女性可双手四指并拢,交叉相握,右手叠放在左手之上,自然垂于腹前;左脚靠在右脚内侧,夹角为45°呈"丁"字形。

⑤列车进出站时,在车门口立岗,面向站台致注目礼,以列车进入站台开始,列车开出站台为止。办理交接时行举手礼,右手五指并拢平展,向内上方举手至帽檐右侧边沿,小臂形成45°角。

⑥清理卫生时,清扫工具不触碰旅客及携带物品。挪动旅客物品时,征得旅客同意。需要踩踏座席、铺位时,带鞋套或使用垫布。占用洗脸间洗漱时,礼让旅客。清洁厕所时,作业人员戴保洁专用手套。

⑦夜间作业、行走、交谈、开关门要轻。进包房先敲门,离开时应倒退出包房。

⑧不高声喧哗、嬉笑打闹、勾肩搭背;不在旅客面前吃食物、吸烟、剔牙齿和出现其他不文明、不礼貌的动作;不对旅客评头论足,接班前和工作中不食用异味食品。餐车对旅客供餐时,不在餐车逗留、闲谈、占用座席、陪客人就餐。

⑨客运乘务人员进出车厢时,面向旅客鞠躬致谢。

(3)温度适宜,环境舒适。

①通风系统作用良好,车内空气清新,质量符合国家标准。始发前对车厢进行预冷、预热,车内温度保持冬季18~20℃,夏季26~28℃。

②车内照明符合规定。夜间运行(22:00~7:00)时,座车关闭半夜灯;始发、终到站和客流量大的停站,以及列车途经地区与北京时间存在时差时自行调整。

③广播视频。

a. 广播常播内容录音化,使用普通话。经停少数民族自治地区车站的列车可根据需要增加当地通用的民族语言播音。过港列车可增加粤语播音。直通列车可增加英语播报客运作业信息。

b. 广播语音清晰,音量适宜,用语准确,不干扰旅客正常休息。自动广播系统播报正确。

c. 视频系统性能良好,使用正常,始发前开启系统播放节目,播放内容符合规定并定期更新。

④广播、视频内容以方便旅行生活为主,介绍宣传安全常识和车辆设施设备的使用方法;提示旅客遵守安全乘车规定,播报前方停站、到站信息等内容;适当插播文艺娱乐、文明礼仪、沿线风光、民俗风情、餐食供应、广告等节目。

(4)用水供应。

①饮用水保证供应,途中上水站按规定上水。使用饮水机的备有足量桶装水。

②列车始发后为旅客送开水,途中有补水服务;售货车配热水瓶,利用售货时为有需求的旅客提供补水服务。

(5)运行途中,厕所吸污时或未供电时锁闭厕所,其他时间不锁厕所。厕所锁闭时,为特殊情况急需使用厕所的旅客提供方便。

(6)公共区域的电源插座保证符合标示范围的旅行必需的小型电器正常使用。

(7)通过图形符号、电子显示、广播、视频、服务指南等方式宣传旅客运输服务信息及客运服务质量标准摘要,引导旅客自助服务。

(8)卧具于终点站收取,贴身卧具一客一换。到站前提醒卧车旅客做好下车准备,不干扰其他旅客。夜间运行,卧车乘务员在边凳值岗,并定时巡视车厢。始发后和夜间,客运乘务人员对卧车核对铺位。列车剩余铺位在列车办公席或指定位置公开发售,公布手续费收费标准。

(9)发现旅客遗失物品妥善保管,设法归还失主;无法归还时编制客运记录交站处理。无法判明旅客下车站时交列车终到站处理。

(10)根据旅客乘坐列车等级和席别提供相应服务。

①商务座车配有专职人员,主动介绍专项服务项目,提供饮品、餐食、小食品、小毛巾、耳塞等服务。饮品有茶水、饮料,品种不少于6种,茶水全程供应。逢供餐时间的,免费供应餐食。供餐时间为:早餐8:00以前,正餐11:30~13:00,晚餐17:30~19:00。正餐以冷链为主,配用速溶汤,分量适中,可另行配备面点、菜品、佐餐料包等。品种不少于3种,配有清真餐食,定期调整。选用非油炸类点心、蜜饯类、坚果类等无壳、无核、无皮、无骨的休闲小食品,品种不少于6种,独立小包装。

②"G"字头跨局动车组特、一等座车提供饮品、小食品等服务,全程提供送水服务。

(11)全面服务,重点照顾。

①无需求无干扰,即通过广播、电子显示屏等方式宣传服务设备的使用方法,方便旅客自助服务。有需求有服务,即在各车厢电子显示屏公布中国铁路客户服务中心客户服务电话(区号+电话号码),实行首问首诉负责制。受理旅客咨询、求助、投诉,及时回应,热情处置,有问必答,回答准确;对旅客提出的问题不能解决时,指引到相应岗位,并做好耐心解释。

②重点关注,优先照顾,保障重点旅客服务。

a.按规范设置无障碍厕所、座椅、专用座席等设施设备,作用良好。

b.对重点旅客做到"三知三有"(知座席、知到站、知困难,有登记、有服务、有交接);为有需求的特殊重点旅客联系到站提供担架、轮椅等辅助器具,及时办理站车交接。

③尊重民族习俗和宗教信仰。经停少数民族自治地区车站的列车可按规定在图形标志增加当地通用的民族语言文字,可根据需要增加当地通用的民族语言播音。

六、应急处置

(1)火灾爆炸、重大疫情、食物中毒、空调失效、设备故障和列车大面积晚点、停运、变更径路、启用热备车底等非正常情况下的应急处置预案健全有效,预案内容分工明确,流程清晰。日常组织培训,定期组织演练,培训演练有记录,有结果,有考核。

(2)配备照明灯、扩音器等应急物品,电量充足,性能良好。灾害多发季节增备餐料、易于保质的食品、饮用水和应急药品,单独存放。

(3)遇火灾爆炸、重大疫情、食物中毒、空调失效、设备故障和列车大面积晚点、停运、变更径路、启用热备车底等非正常情况时,及时启动应急预案;掌握车内旅客人数及到站情况,维持车内秩序,准确通报信息,做好咨询、解释、安抚、生活保障等善后工作。

①列车晚点15分钟以上时,列车长根据调度、本段派班室(值班室)或车站的通报,向旅客公告列车晚点信息,说明晚点原因、晚点时间。广播每次间隔不超过30分钟,可利用电子显示屏实时显示。

②遇列车空调故障时,有条件的,将旅客疏散到空调良好的车厢;需开启车门通风的,在车门安装防护网,有专人防护。在停车站,开启站台一侧车门;在途中,开启运行方向左侧车门。运行途中劝阻旅客不在连接处停留,临时停车严禁旅客下车。在站停车须组织旅客下车时,站车共同组织。按规定做好旅客到站退还票价差额时的站车交接。

③热备车底的乘务人员、随车备品和服务用品同步配置到位。遇启用热备车底时,做好宣传解释,配合车站共同组织旅客换乘其他列车,或者按照车站通报的席位调整计划组织旅客调整席位,按规定做好站车交接。

④遇变更径路时,应做好宣传解释,组织不同径路的旅客下车,按规定做好站车交接。

⑤车门故障无法自动开启时,应手动开启车门,并通知随车机械师处理;无法关闭时,由专人看守并通知随车机械师处理。使用车门紧急解锁拉手后,及时复位。

⑥发生烟火报警时,随车机械师、列车长和乘警根据司机通知立即到报警车厢查实确认,查看指定车厢的客室、卫生间,随车机械师重点查看电气设备。若发生客室或设备火情,列车长或随车机械师立即通知司机按规定实施制动停车,并启动应急预案进行处理;若确认因吸烟等非火情导致烟火报警时,由随车机械师做好恢复处理,乘警依法调查,并向旅客通告。

⑦发生人身伤害或突发疾病时,应积极采取救助措施,按规定办理站车交接,客运乘务员不下车参与处理。必要时可请求在前方所在地有医疗条件的车站临时停车处理。

七、列车经营

(1)餐饮经营

①餐饮经营符合有关审批、安全规定,证照齐全有效。食品经营单位的食品安全管理制度健全。

②餐车销售的饮食品符合国家有关规定。销售的商品质价相符,明码标价,一货一签,价签有"CRH"标志,提供发票。餐车、车厢明显位置、售货车、服务指南内有商品价目表和菜单,无变相卖座和只收费不服务的情况。

③餐车整洁美观,展示柜布置艺术,与就餐环境相协调;厨房保持清洁,各种用具定位摆放。商品、售货车等不堵通道,不占用旅客使用空间。售货车内外清洁,定位放置,有制动装置和防撞胶条。

④商品柜、冰箱、吧台、橱柜不随意放置私人物品(乘务员随乘携带的餐食等定位存放)。餐食、商品在餐车储藏柜、冰箱内定位放置,不占用旅客使用空间。

⑤餐车配置的微波炉、电烤箱、咖啡机等厨房电器符合规定数量、规格和额定功率,保持洁净。

⑥经营行为规范,文明售货,不捆绑销售商品。非专职售货人员不从事商品销售等经营

活动。餐车实行不间断营业,并提供订、送餐服务。销售人员不在车内高声叫卖,频繁穿梭,销售过程中主动避让旅客。夜间运行时,不得进入卧车销售,座车可根据情况适当延长或提前销售时间,但不得超过1小时。

⑦供应品种多样,有高、中、低不同价位的预包装饮用水、盒饭等旅行饮食品,2元预包装饮用水和15元盒饭不断供。尊重外籍旅客和少数民族的饮食习惯。盒饭以冷链为主,热链为辅,常温链仅做应急备用,有清真餐食。

⑧餐饮品、商品有检验、签收制度;采购、包装、储存、加工、运输、销售符合食品卫生安全要求。

⑨不出售无生产单位、生产日期、保质期和过期、变质,以及口香糖、方便面等严重影响列车环境卫生的食品。超过保质期限的食品单独存放、回收销毁。

⑩一次性餐饮茶具符合国家卫生及环保要求。

(2)广告经营规范。广告发布的内容、形式、位置等符合有关规范,布局合理,安装牢固,内容健康,与列车环境协调,不挤占铁路图形标志、业务揭示、安全宣传等客运服务内容或位置,不影响安全和服务功能,不损伤车辆设施设备。

八、高铁快件

(1)高铁快件集装件按装载方案指定位置码放;码放在车厢内最后一排座椅后的空当处时,不影响座椅后倾,高度不超过座椅;需中途换向的列车,不使用最后一排座椅后的空当处。利用高铁确认列车运输时,可使用纸箱、集装袋等集装容器;集装件可码放在大件行李处、通过台、车厢过道及座椅间隔处等位置,但不码放在座椅上;单节车厢装载的集装件总重量不超过列车允许载重量(二等座车厢标记定员乘以80kg)。

(2)列车乘务人员在运行途中巡视、检查高铁快件集装件码放、外包装、施封等状况。发现高铁快件集装件短少或外包装、施封破损应立即报告列车长。短少的,经列车长确认后组织查找,上报运行所在局客运调度员;破损的,会同乘警或其他列车乘务人员共同检查,并拍照留存(含可视的内装高铁快件)。开具客运记录,并通知到站。

(3)遇列车故障途中需更换车底时,列车长报告高铁快件装载情况。在车站换乘更换乘务组的,救援车乘务组确认集装件换车情况,并办理交接。在区间换乘的,集装件不换至救援车。故障车乘务组随故障车返回的,由故障车乘务组负责途中看管,与动车所所在地高铁车站办理交接。故障车乘务组随救援车继续担当乘务的,铁路局安排专人与乘务组办理集装件交接。

九、人员素质

(1)身体健康,五官端正,持有效健康证明。

(2)具备高中(职高、中专)及以上文化程度,保洁人员可适当调整。

(3)持有效上岗证,经过岗前安全、技术业务培训合格。从事餐饮服务的人员有卫生知识培训合格证明。广播员有一定编写水平,经过广播业务、技术培训合格。

(4)列车长从事列车乘务工作满2年。列车值班员从事列车乘务工作满1年。列车长和商务座、软卧列车员能够使用简单英语。

(5)熟练使用本岗位相关设施设备,熟知本岗位业务知识和职责,掌握担当列车沿途停站和时刻,沿线长大隧道、桥梁、渡海等线路概况,以及上水、吸污、垃圾投放等作业情况。熟悉本岗位相关应急处置流程,具备应对突发事件能力。

十、基础管理

(1)管理制度健全,有考核,有记载。定期分析安全和服务质量状况,有针对性提出具体整改措施。

(2)按规定配置业务资料,内容修改及时、正确。除携带铁路电报、客运记录、车内补票移交报告外,车上不携带其他纸质资料台账。

(3)各工种在列车长的领导下,按岗位责任各负其责,相互协作,落实作业标准,有监督,有检查,有考核。

(4)业务办理符合规定,票据、台账、报表填写规范、内容准确、完整清晰。配备保险柜,营运进款结算准确,票据、现金及时入柜加锁,到站按规定解款。

(5)客运乘务人员配备统一乘务箱(包),集中定位摆放;洗漱用具、茶杯等定位摆放。

(6)库内保洁作业纳入动车所一体化作业管理,动车所满足一体化吸污、保洁等整备作业条件。

(7)备品柜、储藏柜按车辆设计功能使用,备品定位摆放。单独配置的备品柜与车身固定,并与车内环境相协调。

(8)定期开展职业技能培训,培训内容适应岗位要求,评判准确。

复习思考题

1. 高铁中型及以上车站服务质量规范的主要内容有哪些?
2. 动车组列车服务质量规范的主要内容有哪些?

第三章 旅客运输服务心理

心理因素是影响人们社会生产活动的重要因素。要把铁路旅客任务完成好,就需要把握人们在各种活动中产生的心理现象的根源。只有充分了解了员工心理、旅客心理,才能有针对性采用各种解决问题的服务技巧,使问题得到妥善地解决,才能使旅客出行有一个愉快的心境,也才能使员工提升自己的服务水平。

第一节 旅客服务心理

随着社会经济的发展和人民文化生活水平的提高,人们乘车的需要不断增长。不同的乘车目的伴随不同的心理活动。旅客乘车能否顺利实现,很大程度上取决于运输工具所提供的服务水平对旅客需要的满足程度。为了满足旅客对运输服务的安全、迅速、方便、舒适等方面的要求,铁路运输部门需要在运输工具及客运服务质量等方面入手,树立运输企业的形象,提供全方位的优质服务。

铁路车站客运员工的工作是直接与旅客打交道的工作,提高客运服务质量是客运人员的首要任务,这就要求客运员工对客运岗位工作的重要性有一个客观的认识,并在服务中把握旅客的各种心理,灵活妥善处理好各种矛盾。

一、旅客乘车的共性心理与服务

旅客乘车的心理活动,贯穿了从其产生乘车的需要开始,到其到达目的地结束旅行为止的整个过程。旅客乘车的共性心理是指所有旅客在乘车的过程中从开始买票到乘车终了,经过各个环节,遇到各种情况,所具有的相同的心理活动。一般来讲,人们出门乘车首先要考虑选择乘坐何种交通工具,其共性的心理主要表现为要对交通工具的安全、经济、迅速、方便等方面进行比较,然后再对舒适程度、服务质量等方面进行比较,分析哪种交通工具乘车条件优越,最后选定交通工具。旅客在乘车中的共性心理,是相当复杂的。下面对旅客共性心理活动进行一般性的分析。

(一)旅客乘车的共性心理需要

1. 安全心理

旅客乘车最根本的需要就是安全的需要,它包括人身安全和物品安全两个方面。为保证旅客乘车安全,旅客常综合考察自然环境状况、社会治安情况和运输工具的安全性等内容,再做出是否旅行的决定。

安全就是不发生任何危及人身安全和财物安全的意外事故,也就是不会发生人身碰挤伤、摔伤等伤害情况;乘车中所携带的财物、文件资料保持完整,不会发生任何丢失和被窃或损坏的事情。

在旅客运输服务过程中,努力实现旅客旅行安全心理要求,这是所有客运服务人员的首要工作。要求铁路运输部门加强社会、车站和列车的治安管理,从技术装备上提高运输载体的安全性,从安全管理上提高客运服务人员对不安全因素的预测和及时处理等方面的努力。

2. 顺畅心理

旅客到车站购票,能够顺利地买到自己需要的车票;上车时,人虽然多,但能够顺利地找到座位;列车在运行途中,因某些原因,如意外运行事故等而耽搁,在这种情况下,能否保证列车正点到达终点站;准备换车时,有充裕的时间赶上接续换乘的交通工具等等。这些都是旅客出门旅行的顺畅心理要求。

要满足每位旅客的顺畅心理要求,做到时时顺畅、事事顺畅是不现实的。但是,从旅客运输服务管理角度,应尽最大的努力满足旅客的需要。在为满足旅客需要而做工作的同时,还要做好宣传工作。对旅客要有良好的服务态度,遇到不能满足旅客要求的事情,要进行耐心解释,使旅客明白为什么需求没有得到满足。在旅客乘车的过程中,由于运输部门的原因而发生的延误,影响到旅客旅行的顺利进行,旅客有权了解发生的原因,运输服务人员必须把事情的真相通告给旅客,让旅客心里有数,使其能够对自己下步的行为预先进行计划。

3. 快捷心理

随着社会的发展,人们的时间观念发生了重大的变化,快捷成为旅客一个主要要求。缩短乘车时间,迅速到达目的地,可以节约时间,同时减少旅行疲劳。

4. 方便心理

方便的需要表现在购票、进出站、上下车以及中转乘车等方面的便捷性。"方便"要求减少乘车中的各种中间环节,达到"快捷"的目的。

旅客出门旅行,希望处处能够方便,这是一种很普遍的共性心理。为了适应旅客的方便心理,需要采取一些措施,如售票处多开售票窗口,旅客进站妥善安排检票口和检票人员;站内通道设置引导牌;及时通告到站站名等等。从质量上,旅客希望运输服务部门提高办事效率,简化手续,改善服务态度等。满足旅客的方便心理要求,其要点是使旅客感到处处、事事、时时方便,节省时间,能够使事情顺利办成。

5. 经济心理

经济心理表现在旅客需要的满足程度与所付出的费用和时间相比较,希望在一定的需要满足程度之下,所付出的费用和时间最少。但旅客在乘车旅行中对经济性的考虑,一般是将两个因素结合在一起:一是花钱的多少;二是由谁出钱,是自己还是他人。

6. 舒适心理

随着经济的发展,人们生活水平的提高,旅客对乘车的舒适性的要求更加重视,对乘车环境的要求相应提高。这种需要的强度和水平受多种因素影响,特别是乘车时间的长短往往是起决定作用的因素。

7. 安静心理

旅客出门乘车,离开家或工作场所,来到站、车,与其他旅客一起,共同乘车,一直处于动荡状态中。在嘈杂的环境中,尽量保持安宁,减少喧哗,动中求静,这是人之常情,是大多数旅客的共同心理要求,尤其是在人较多的候车室和车厢内,要求更为迫切。

要保持旅客旅行中的安静环境,一方面旅客本身要约束自己,不要大声说话,来回走动等。另一方面客运服务人员有责任加强对乘车环境的管理,积极地组织诱导和制止不利于安静的事件,避免旅客大声喧哗、吵闹,更要避免与旅客发生口角、争吵,影响旅客休息。心情安静与否,在一定程度上取决于人对环境的感受。一个井然有序的环境,可以使人心平气和、心情平静。因此,要求加强对环境有序性的管理,这种有序性包括两个方面:一是物的有序性,二是人的有序性。另外,保持站、车公共场所的清洁卫生也是有序性的一种表现。清洁、卫生的环境使人心里愉快,心情平静;脏、乱、异味弥漫空间的旅行环境,会使人心里烦躁、心情郁闷而不能平静。

(二)旅客乘车心理需要的规律性表现

旅客乘车需要,都呈现一定的规律性。具体概括为以下3点:

1. 需要的档次性

随着需要的满足,需要的档次在提高。对于旅客来讲,在把乘车的需要转变为行动前,总是先把需要水平定在一定的程度基础上。这样,在其行动时,就会出现两种情况:

(1)需要水平定得太高,乘车条件不允许,需要不能得到实现。如果出现这种情况,旅客的乘车遇到挫折,旅客可能会产生两种反应:一是中止乘车;二是将需要水平降低,然后再看乘车条件是否允许。

(2)乘车条件能够满足需要水平的实现,这样旅客乘车的行为能够进行下去。但乘车能够进行下去的同时,旅客的下一步需要水平也会相应地提高。因此,需要的满足,经历了由简单到复杂、低级到高级、物质到精神的发展过程,相互联系又呈现阶梯式上升。

例如:旅客在对乘车条件分析的基础上,将乘车需要水平定为顺利地买到所需的车票,如果到售票处很容易地买到了车票,这时他就可能想最好到车上能够人少有座位;如果车上人多没有座位,而他又必须乘车,这时就会想到没有座位也行了。

2. 需要的强度性

乘车需要的强度受多种因素影响和制约,尤其是在乘车的目的、距离、时间以及服务人员的服务态度和质量等方面。

3. 需要的主次性

在旅客乘车的过程中,心理活动反映出的需要不是单一的,而是有许多种。各种需要之间又不是并列的、不分主次的关系。在乘车的每一阶段总有一种或两种需要处于主导地位,其他需要处于从属地位。例如乘车前,购票需要是第一位的,车票买不到,其他乘车的所有需要都不能成为现实;买到车票后,有关乘车安全、生理等方面的需要则成为主导地位。所以,要掌握旅客心理活动规律性变化,为深入细致地做好服务工作创造条件。

(三)满足旅客乘车共性心理需要的心理服务措施

为满足旅客乘车心理需要,提出全方位的心理服务思想。全方位服务思想就是将旅客乘车整个过程中产生的所有心理活动综合在一起考虑,使旅客乘车的需要得到满足的一种服务思想。实施全方位心理服务可从以下几方面入手。

(1)加强旅客运输服务信息的宣传与信息的咨询。根据旅客乘车的需要预先或随时提供旅客所需要的各种信息,沟通旅客和铁路运输部门之间的相互了解。

(2)做好与其他交通运输工具的协调配合,满足旅客集结、疏散、中转乘车的需要,加强旅客列车发生异常运行情况时对旅客的组织。

(3)加强客运服务人员的职业培训与管理,提高客运人员的管理水平、业务能力和职业道德水平,提供周到、热情、使旅客满意的服务,保证对旅客的进出站、上下车的有效组织。

(4)改进铁路车站的设计,例如改进车站的进出口,使其有利于旅客的进出。

(5)采用先进的技术设备,如自动售票系统、旅客自动引导显示系统、列车到发通告系统、旅客信息咨询系统、广播系统等,满足旅客对乘车信息、购票、上下车等方面的要求。

(6)从旅客列车车体的设计和运用方面考虑,提高车体的座位的舒适性,加强车厢内的通风、温度调节,增加车厢内的娱乐、广播电视设施;提高旅客列车运行速度,缩短旅客乘车时间。

对旅客共性心理需要的研究是铁路运输部门加强旅客运输管理,采取各种服务措施的基础。在铁路交通运输市场竞争不断趋于激烈的情况之下,提高客运服务质量,努力树立铁路运输企业的形象,是提高铁路运输企业竞争力的重要措施。客运服务质量提高的标准,就是从根本上满足旅客的需要。为旅客提供全方位的服务,需要对旅客心理活动进行系统的分析,了解旅客的需要,采取措施,这样会更为有效地解决铁路运输中存在的问题。

二、旅客乘车的个性心理与服务

人们在乘车过程中的共性心理,是大多数旅客在乘车时普遍的、通常的心理要求。但对于每个旅客来说,由于自身条件、乘车条件、个人性格、爱好、观念的不同,又必然会有不同的心理要求,这就是旅客乘车的个性心理需要。例如,学生的乘车心理,有的学生是好动不好静,而有的学生却是好静不好动。可见在旅客的共性心理需要中包含着个性心理需要,普遍规律中蕴藏着特殊性。旅客在乘车过程中,当乘车条件发生变化时,心理要求也会随着变化。旅客的心理活动除受自身条件制约以外,还受客观事物多变的影响。所以,旅客的个性心理与共性心理相比较,是十分复杂的。

客运服务人员在服务工作中,既要掌握旅客旅行的共性心理,又要探索和理解旅客的个性心理,才能避免服务工作的片面性和盲目性,才能做到更加主动、更有针对性地实现文明服务、礼貌待客。

由于广大旅客的个性心理复杂多变,形形色色,包罗万象,客运服务人员要全部了解、掌握是极困难的,而且也无这种必要。但我们应该注意综合一些具有较普遍、较典型、有代表性的个性心理,以便在日常服务中能够了解旅客的心理,提供有针对性的服务。

社会上的每一个人,都有可能成为旅客铁路运输业的服务对象,从乘车的角度,适当将市场细分,从研究每一类旅客的心理需要来了解其个性心理需要,是有效地解决问题的出发点。

由于旅客的年龄、性别、职业身份、兴趣爱好、旅行的动机等各不相同,不同旅客的个性心理差异很大,因而对服务形成了不同的需求。广大客运人员经过多年研究,把旅客心理特征和行为表现归纳成如下4种类型:

1. 急躁型旅客

急躁型相当于胆汁质。急躁型旅客对人热情、感情外露、说话直率而快、言谈中表现自信,这种类型的旅客容易激动,通常喜欢与人争论问题,而且力求争赢。他们对服务的评价易走极端。他们在乘车中常常显得粗心。在服务工作中,对急躁型旅客,言谈注意谦让,不要激怒他们,不要计较他们有时不顾后果的冲动言语,一旦出现矛盾,应当尽量回避。随时提醒他们别乱扔、乱放和丢失东西。

2. 活泼型旅客

活泼型相当于多血质。活泼型旅客表现活泼好动,他们反应快,理解力强,显得聪明伶俐。他们动作敏捷、灵活、多变。乘车中他们对人热情大方,喜欢与人交往和聊天,喜欢打听各种新闻。他们情感外露,并且变化多端,经常处于愉快的心境之中。在服务工作中,对活泼型旅客,同他们交往,尽量满足他们爱交往、爱讲话的特点。在与他们交谈过程中,不要过多重复,以免产生不耐烦的情绪。乘车中服务人员应主动向他们介绍车站设施及娱乐场所,以满足他们喜欢活动的心理。

3. 稳重型旅客

稳重型相当于黏液质。稳重型旅客平时表现安静,喜欢清静的环境。他们很少主动与人交往,交谈起来很少滔滔不绝和大声说笑,情感很少外露,使人猜不透他们想什么或需要什么。但稳重型旅客自制能力很强,做事总是不慌不忙,力求稳妥,生活有固定的规律,很少打扰别人。他们反应慢,希望别人讲话慢些或重复几次,自己讲话也慢条斯理,显得深思熟虑。他们的注意力比较稳定,对新环境不易适应,但一旦适应了又对乘坐过的列车或打过交道的服务人员产生留恋之感。在服务工作中,对稳重型旅客介绍或交代事情时,应当注意讲话的速度,重点适当重复一下。一般情况不要过多地与他们交谈。若需交谈,尽量简单明了,不要滔滔不绝,以免他们反感。

4. 忧郁型旅客

忧郁型相当于抑郁质。忧郁型旅客感情很少向外流露,心里有事一般不愿对别人讲,宁愿自己想。乘车中表现性情孤僻、不合群、沉默寡言,不喜欢在公共场合与人交往和聊天。这类旅客对事情体验深刻,自尊心强,很敏感,好猜疑,想象丰富。他们在遇到困难或挫折时,会表现得非常痛苦,如丢失东西、身体有病或与人发生纠纷后会长时间不能平静。他们讲话慢,有时又显得话很多,怕别人听不清楚产生误会,他们行动迟缓、反应慢。在服务工作中,对忧郁型旅客应当十分尊重,对他们讲话要清楚明了,和蔼可亲。尽量少在他们面前谈话,绝对不要与他们开玩笑,以免产生误会和猜疑。当他们遗失物品、生病时,应当特别关心和给予帮助,想办法安慰他们,使其感到温暖。

三、旅客群体心理与服务

(一)旅客群体的特点

旅客在铁路运输服务部门内停留的时间比较短,旅客流动性比较大,人与人之间很少有思想交流,即使人与人之间有一些交流,也只是一般的聊天,不涉及思想深处的感受。因此,旅客群体有其独特的特点。

1. 松散大群体

旅客群体是松散大群体,没有形成统一的规范制约人的行为。在这一群体中,人们受社会舆论、道德和观念的制约,起作用的是公平感、正义感,当遇到涉及部分或全体旅客利益的事情时,才会形成一致的统一的行为。例如,当客运服务人员与某一旅客发生摩擦时,如果客运服务人员一直保持和蔼、礼貌的态度,对于周围不知产生摩擦原因的其他旅客,他们的行为有的可能站在该旅客的一方,有的可能站在客运服务人员一方,有的可能保持沉默不表态;但如果客运服务人员的态度比较强硬,不礼貌,则会造成周围的大多数旅客站在该旅客一方,联合起来对该客运服务人员进行批评、指责。因为,这时他们把该旅客所处的位置与自己进行了调换,即如果自己是那位旅客,遇到客运服务人员这样的态度,这是自己所不希望的,同情心及正义感使其他旅客结合在了一起。

2. 紧密小群体

在旅客大群体中存在一些相识或结伴同行的几个旅客所组成的小群体,尤其是一些旅行团体在一起旅行。由于相识,在乘车中他们之间的感情要比与不相识的旅客之间的感情深得多。因此,在乘车中,他们成为行为一致的群体,尤其是他们其中的某位与其他旅客或与客运服务人员发生摩擦时,他们更加表现出态度与行为的一致性。

(二)对旅客群体心理的服务

1. 加强对紧密小群体的管理

由于相同的乘车目的,紧密小群体内的各成员具有相同的言行,因此,尽量使小群体成员无论站、车内都能在一起;避免与小群体内部人员发生争执,在他们中有人提出不合理的要求时,尽可能和蔼、礼貌地给予解释和说明;在遇到严重问题又必须解决时,在公正而讲道理的基础上,给予恰当的处理。如果在车站内发生问题,尽量把他们与其他旅客分离开,一方面可以避免对其他旅客产生坏的影响;另一方面可以削减他们的气势,使问题得以有效处理。

2. 用亲切、和蔼、礼貌的态度为大群体服务

由于大群体的一致行为往往是在旅客与旅客之间或旅客与客运服务人员之间发生冲突时产生。因此,亲切、和蔼、礼貌的态度可以为旅客造成一个轻松、愉快的乘车旅行环境气氛;可以避免一些冲突的发生。客运服务人员一定要加强自身的修养,避免与旅客发生冲突。对旅客大群体的服务,要从旅客共性心理需要和旅客个性心理需要两方面提供相应的服务。

在解决旅客中的问题时,最好的办法是利用旅客群体内部的相互制约关系。例如,某位旅客吸烟,客运服务人员去制止。在语言的运用上,不是我如何让你做什么,而是你的行为会影响其他旅客的健康。这样就能将旅客和客运服务人员之间的关系转变为旅客之间的关系,会起到约束作用,也有利于问题的解决。

四、旅客的服务期望

(一)旅客的服务期望

按照满意度理论,旅客对服务的满意度取决于实际服务提供与旅客期望值的差距,如果实际服务提供高于旅客期望值,则旅客满意,反之则不满意。作为铁路来讲,要提升旅客服务水平,就必须重视研究旅客心理状态与服务需求,要能够明确旅客的服务期望,有针对性地改进旅客服务工作,更新服务理念与服务管理,全面提升旅客的出行舒适度与旅客满意度。不同的旅客对铁路的客运服务持有不同类型的服务期望状态:一是理想服务,二是适当服务,三是预测服务。理想服务,反映旅客希望得到的服务;适当服务,反映旅客愿意接受的服务,是最低的可接受的期望,它处在服务合理区的最底线之上,是旅客承认并愿意接受服务差异的范围;预测服务,反映旅客认为其可能得到的服务。例如一位旅客,根据以往节假日期间乘车的经验,认为乘车人会很多,相应服务也很差,因此只期望能顺利乘车即可。但由于今年节假日增开了列车,他不但乘车有了座位,而且服务与平时相比也没有下降,使他很顺利地到达目的地,那么他对铁路的满意度就相当高。在这个例子里,旅客的理想服务期望就是能像平时一样顺利乘车;适当服务期望就是能上车就可以,哪怕整个旅途服务质量有所下降也能接受;预测服务就是旅客对节假日期间自己乘车状况的一种可能性的考虑。

服务水平的高低直接影响旅客心理感受。高于理想服务水平,旅客非常高兴并感到吃惊,服务以积极的方式引起旅客的注意;低于适当服务水平,旅客觉得受到挫折并对公司的满意度降低,服务以消极的方式引起旅客的注意。

(二)影响服务期望的因素

影响服务期望的因素很多,一般可分为影响理想服务期望的因素、影响适当服务期望的因素和影响预测服务的因素。

1. 影响理想服务期望的因素

影响理想服务期望的因素包括忍耐服务的强化和个人因素两类。忍耐服务的强化，一方面受到派生服务期望的影响，另一方面受到个人服务理念的影响。派生服务期望指的是某旅客的期望受到另一群人期望的驱动，例如某一趟旅客列车出现故障，造成旅客长时间在车上滞留而铁路部门又没有解释原因，到了车站如果多数旅客倾向于铁路部门做出经济补偿的话，那么原先没有这种想法的旅客一般也会选择这种做法。个人服务理念指的是旅客对于服务的意义和旅客服务正确行为的根本态度。个人因素指的是每个旅客由于自身心理条件的不同，因此各自的理想服务期望也是不一样的。

2. 影响适当服务期望的因素

影响适当服务水平的因素包含5个方面：暂时服务强化因素、可感知的服务替代物、自我感知的服务角色、环境因素和预测服务。

（1）暂时服务强化因素，通常是短期的、个人的因素，这些因素使旅客更加认识到服务的需要。当旅客在个人迫切需要服务的紧急情况时会提高适当服务期望水平，尤其在认为所需要的是铁路运输部门可以提供的反应水平时。当初始服务失败时，对补救服务的适当服务期望将会提高。

（2）可感知的服务替代物，指旅客可以获得服务的其他提供商。如铁路在遇到列车运行阻碍晚点超过40分钟，铁路就应公开向旅客道歉。所以旅客在遇到旅客列车因突发事件造成旅客在车上长时间滞留，旅客就会对铁路运输部门的晚点提出相应要求。旅客可感知的服务替代物的存在提高了适当服务的水平，缩小了容忍区域。

（3）自我感知的服务角色，指旅客对所接受的服务水平施加影响的感知程度。明确说明所期望的服务水平的旅客，可能对铁路没能提供达到该水平的服务更为不满。旅客在服务中积极参与也影响该因素。旅客感觉到他们没有履行自己的角色时，其容忍区域会扩大。如果旅客在服务传递中对服务施加了影响，对适当服务的期望就会提高。

（4）环境因素，指旅客认为在服务交付时不由服务提供商所控制的条件。一般而言，环境因素暂时降低了适当服务的水平，扩宽了容忍区域，如节假日期间的旅客对于服务质量的下降会表现出相当的宽容。

（5）预测服务，指旅客相信他们有可能得到的服务水平。这种服务期望可以看作是旅客对即将进行的交易或交换中可能发生事件的预测。

3. 影响预测服务的因素

影响预测服务的因素包括：明确的服务承诺、含蓄的服务承诺、口头交流及过去的经历。

（1）明确的服务承诺，是铁路传递给旅客的关于正式和非正式的说明。明确的服务承诺既影响理想服务水平又影响预测服务水平。

（2）含蓄的服务承诺，是与服务有关的暗示。含蓄的服务承诺往往被与服务有关的价格和有形性控制。一般而言，价格越高，有形性印象越深，旅客的服务期望也越高。

（3）口头交流，由当事人而不是铁路发表的个人及非个人的言论，专家、朋友和家庭也是可以影响理想和预测服务水平的口头交流的来源。由于口头交流被认为没有偏见，所以是很重要的信息来源，特别对于铁路运输这种在购买和直接体验之前难以评价的服务中，口头交流非常重要。

（4）过去的经历，是旅客在将经历与其最理想的服务进行比较。影响旅客服务期望的因素包括可控因素和不可控因素。明确的服务承诺和含蓄的服务承诺是影响旅客服务期望的可控因素。个人需要、暂时服务强化因素、可感知的服务替代物、自我感知的服务角色、口头交流、过去的经历、环境因素、预测服务是影响旅客期望的不可控因素。

五、旅客对服务满意的感知

旅客满意是广义上的感知方式,是旅客的实践反映。它是判断一件产品或服务的特性,或其本身的尺度,或者说它提供了一个与旅客相关实践的愉快水平。在服务过程中,旅客会从对服务的整体感觉上来对服务满意进行评估和追踪。影响旅客满意的因素主要有产品和服务的特性、消费者情感、服务成功或失败的归因、对平等或公正的感知。服务质量是旅客对产品服务成分的感知,也是旅客满意的决定性因素。从心理学角度来看,服务质量主要由以下5个方面构成:

1. 可靠性

可靠性是指准确可靠地执行所承诺服务的能力。例如车站服务台的职工,由于旅客问询工作量大,工作单调重复,常常会出现不耐烦的情绪,工作变得消极。如果我们在选择人员时,考虑到黏液质的职工心理比较耐心细致,表达能力强,安排他们在这个岗位就会收到比较好的效果。

2. 响应性

响应性是指帮助旅客及时提供便捷服务的自发性。铁路客运职工不论处在客运工作的任何工种上,都应该把旅客放在第一位,主动及时地解决旅客的困难,不能互相推诿、工作拖拉,给旅客造成不好的印象。

3. 安全性

安全性是指职工的知识和谦恭态度以及表达自信与可信的能力。一个具有良好心理素质的铁路客运职工,往往会在工作中表现得自信成熟,让旅客觉得铁路客运职工值得信赖,也有利于铁路服务工作的组织。

4. 移情性

移情性是指设身处地为旅客着想和对旅客给予特别的关注。客运职工在旅客服务时,应该设身处地地为旅客着想,把自己放在旅客的角度来处理旅客的要求和困难;特别是对于特殊旅客,应该给予特别帮助。

5. 有形性

有形性是指有形的工具、设备、人员和书面材料的外表。铁路客运运输设备的更新以及服务礼仪水平的提高都对旅客产生积极的作用,帮助他们改善对旅客的认识和态度,增强对铁路的满意度和忠诚度。

服务是通过服务接触完成的,服务接触是一个"真实瞬间"的概念,如同为旅客满意和服务质量建立框架。每一次接触都是建立质量和满意感知的机会,旅客会对服务接触的满意与不满意进行描述和体会。

六、铁路运输特殊旅客心理特点及服务技巧

(一)不同职业心理特点及服务技巧

人们在社会生活中,因职业不同,造成所处社会阶层和生活方式的不同,从而形成不同的心理特点和乘车需要。这种不同的心理特点,反映在乘车过程中,便会对铁路运输服务工作产生不同的要求。因此,可以根据职业对旅客进行分类,分析不同的职业各自所具有的心

理,从而了解不同职业旅客的心理活动,有针对性地做好服务工作。根据职业的划分,不同职业的旅客乘车中的心理表现也不同。

1. 工人

工人组织性、纪律性较强,在乘车时对乘车条件一般要求不高,比较重视乘车费用的发生。工人旅客在乘车中一般都能自觉地遵守铁路运输的有关规定,维护站、车秩序,并能积极协助和支持客运服务人员工作。

2. 农民

我国农民人口占社会总人口80%多。随着经济的发展,农村改革与农民生活水平的提高,以及思想观念的变化,农民乘车的次数和人数也在增多。农民出门乘车比较突出的特点主要表现在出门携带物品较多;多数农民旅客因不常出门,缺乏乘车常识,在乘车中又很少提出要求;强调乘车的经济性,尽量减少乘车费用。根据其乘车的特点,突出的个性心理活动是个"怕"字,怕事、怕别人询问、怕买不到车票、怕上不去车、怕坐过站。想问,但犹豫不决又不敢问。有些农民旅客乘车听不懂站、车广播,听不清广播术语,不明白揭示的内容。所以,客运服务人员应多掌握和体贴农民旅客的个性心理,主动、热情地为他们服务。

3. 军人

一般来讲,现役军人具有较强的纪律性、自觉性和组织性,能够主动维护站、车秩序,支持服务人员的工作。军人旅客在旅行乘车中顺畅心理表现得很明显,一旦发生问题,不希望在大庭广众之下处理。携带枪支文件的军人、干部,希望在站、车上不发生意外。

4. 干部

干部大多具有一定的乘车知识,他们突出地表现出方便和顺畅的心理需要。喜欢有个整洁、卫生的乘车旅行环境等。他们很注意客运服务人员的服务态度、服务作风、服务水平,十分关心铁路运输工作,常愿意提出意见和建议。

5. 学生

学生旅客主要指的是大、中专学生。学生处于青少年时期,精力充沛,思想活跃。在乘车中,乘车心切,急于想到达目的地,总是尽量减少在车站等待乘车的时间。乘车中的心理行为表现在喜欢聚集成群,好奇、好动;喜欢说笑、娱乐、热闹。客运服务人员对他们的行为应礼貌地多给予提示,以免影响别人,或给自己增添麻烦。

6. 除上述职业以外的旅客

除上述按职业进行划分而谈到的旅客种类外,还有其他种类的旅客,例如港、澳、台同胞,海外侨胞,外宾,家属,城市居民,无职业者等各阶层人士,每一类旅客在乘车旅行中有一些共同的个性心理需要。通过分析这些共同的需要,可以有针对性地为他们提供服务,从而提高服务水平,创造好的经济效益和社会效益。

(二)不同年龄心理特点及服务技巧

旅客的自身条件是指旅客的年龄、性别、体质、籍贯等方面而言。

1. 不同年龄旅客

(1)老年旅客

老年旅客都有安静心理,因行动不灵活,体力差,喜静不喜动。乘车要求不高,不爱给客运服务人员添麻烦;在乘车旅途中遇到困难,比较沉着。老年旅客是客运服务人员的重点服务对象,在服务中要多为他们提供方便,多给予照顾。

(2) 中年旅客

中年旅客占旅客流量的较大比重。城市中的中年旅客一般具有丰富的乘车知识,农村旅客较差一些。中年旅客比老年旅客行动灵活,比青年旅客稳重。客运服务人员在满足中年旅客需要的同时,应虚心向中年旅客请教,接受他们对客运服务工作提出的意见和建议,据此改进服务方式,提高服务质量。

(3) 青年旅客

青年旅客是指青少年、儿童旅客。他们乘车的好奇心强,喜动不喜静,非常活跃。

2. 不同籍贯旅客

根据籍贯不同,可将旅客划分为两类:当地旅客和外地旅客。

(1) 当地旅客

对乘车环境和当地情况比较熟悉,心理上没有顾虑,旅行的问题少。

(2) 外地旅客

对乘车环境和地域情况不熟悉,心理上顾虑较多,甚至听不懂地方口音,怕出差错。这部分旅客是客运服务人员重点服务对象,服务要热情、主动。

(三) 乘车中遇特殊情况旅客的心理特点及服务技巧

1. 上错车、坐过站、下错车等旅客

旅客在乘车中发生上错车、坐过站、下错车这方面的失误,旅客本身有一定的责任。但从另一方面,也反映铁路运输服务中出现的一些问题,服务做得不周到、不细致。在发生此类情况后,旅客心情焦急、慌乱,希望客运服务人员帮助妥善安排。客运服务人员应一面对其安慰,稳定其情绪;一面积极想办法帮助解决,防止发生其他意外。

2. 超负荷列车中的旅客

在列车超负荷情况下,会带来许多问题。例如车厢内拥挤、旅客无座席、空气不流通、闷热、有异味等等。这种情况下,旅客有怨气、心情烦躁,乘车时间越长表现得越严重。这时,应注意站(车)内的环境,尤其是保持适当的通风和适宜的温度;做好对旅客的组织工作,使站(车)内井然有序。

3. 携带违禁物品进站上车的旅客

携带违禁物品进站上车,有两种情形:

(1) 不知自己所携带物品为违禁物品,误带进站,看到、听到严禁旅客携带违禁物品进站上车的宣传后,犹豫不决,不知如何处理。

(2) 旅客有意将违禁物品携带上车,他们担心被查出,对客运服务人员有害怕心理。

客运服务人员对那些在乘车时表现犹豫、徘徊、坐立不安的旅客,应主动观察和询问,既可以查出违禁物品,防止意外事件发生,又可以了解到其他情况,提供适当的服务。

4. 丢失物品的旅客

旅客丢失物品之后,表现出着急、焦虑、埋怨、后悔、心情沉重、不知所措等心理活动和行为。客运服务人员要对丢失物品旅客进行安慰,注意旅客的动态,防止发生意外;同时积极配合公安人员寻找线索,以利于尽快破案。

5. 对乘车条件不满意、不如意的旅客

在旅客乘车过程中,总会出现一些对乘车条件不满意的事情。在这种情况下,旅客常表现出埋怨、气愤、不满情绪。对此,客运服务人员一方面检查自己工作中存在的问题,采取适当的方法予以改进;另一方面应耐心解释,争取旅客的谅解。

6. 遇到意外事件的旅客

遇到意外事件可能由两方面的原因造成：一是旅客原因造成的意外事件；二是铁路运输服务部门的原因造成的意外事件。对铁路运输服务部门造成的意外事件，如发生列车事故，遇到自然灾害等意外情况，会影响旅客正常乘车，甚至威胁乘车安全。这时，旅客焦虑不安，心情烦躁，希望运输部门尽快排除险情，恢复列车运行。客运服务人员应沉着、冷静，稳定旅客情绪，积极妥善处理。

7. 在严寒、酷暑的气温下乘车的旅客

适宜的温度下乘车，会减少旅行疲劳，使乘车轻松、愉快。严寒或酷暑都会增加旅客的生理和心理负担。在严寒环境下，旅客希望供暖系统良好，使站、车内温度高一些。在酷暑环境下，希望空气调节系统良好，降低站、车内温度，能够买到饮料以及其他防暑降温物品。

第二节 客运人员服务心理

在铁路旅客运输服务中，服务的好坏不仅需要了解旅客的心理，更需要把握客运员工的心理状态。如果客运员工的心理问题不解决，则其就会把个人的情绪带到工作上，使本不应该发生的不良服务发生。因而，把握客运员工的心理问题是铁路客运工作所必不可少的一项重要工作。本节是为员工排解心理困扰，解决心理问题，提高心理健康水平，增加主观幸福感，从而提高其工作绩效。

铁路旅客运输服务工作是一项综合的系统工程。客运工作完成得好与坏，客运服务质量的高与低，一方面受站车设备的现代化水平、铁路运输管理方式和工作组织、社会状况和自然条件等多种因素的影响和制约；另一方面又受铁路旅客运输服务部门服务人员的道德品质和心理素质的影响和制约，而且这一因素是所有因素中最为突出和最为活跃的因素，无论是设备的使用、还是管理方法的制定，都需要客运服务人员去操作和实施，客运服务人员缺乏必要的修养，再先进的设备，再严密的计划，再科学的组织，也难以发挥其令人满意的效果。

一、客运服务人员的职业动机

需要产生动机，动机支配人的行为，通过行为实现目标。动机代表着一个人的内在心理面貌，它在很大程度上决定着一个人的行动和性质。由于社会生活的多样性和复杂性，以及人的需要的差异性和多变性，就使得人们在从事某种活动时，往往有好几个动机同时发生作用。在同时发生作用的动机中，有主导动机和次要动机，明显动机和隐蔽动机，暂时动机和长期动机等。在铁路旅客运输服务中，客运服务人员只有具备正确的职业动机，才能激发和保持工作积极性，提高客运服务工作质量。

（一）职业动机的类型

具体到每一个客运服务人员，具体职业动机的表现很复杂。从实际情况来看，除了人们不同程度地具有为他人服务的动机外，还有如下一些从属的动机。

（1）为自身和家庭的生存、发展和享受，必须通过工作而获得收入。

（2）为谋求稳定的工作环境而选择了客运职业。

（3）对客运工作具有浓厚的兴趣。

（4）为了获得他人的表扬和尊重。

(5)为了争取提升、晋级或表扬,也包括免受批评和处罚。

这些动机的具体差异,是由于客运服务人员的觉悟程度、人生理想、价值观念、实践经验、文化修养等差异造成的。在具体工作中,有时几个动机,甚至相互矛盾的动机,在特定的场合会同时发挥作用。例如,有的客运服务人员,努力改进工作方法,提高工作质量,其中既有为旅客服务这个高尚的动机,同时还有"露一手"以引起领导重视的动机,甚至还可能掺杂着把其他同事比下去的动机。这种情况说明,动机的产生是个很复杂的心理现象。同时,动机又是发展变化的,一个动机消失了,另一个动机产生,低层次的需要满足后,随之产生高层次的需要,不同的需要产生不同的动机。另外,动机还经常出现受挫现象,动机受挫或者能够获得满足,会使人的动机弱化或强化。

(二)客运服务人员类型分析

将客运服务人员的心理成熟度和工作职业动机结合起来进行分析,可以大致地归纳出他们的4种类型。

1. 事业型

事业型客运服务人员有高尚的职业动机,热爱本职工作,不斤斤计较报酬和荣誉,不怕艰苦和劳累,一心只想做好本职工作,力求在事业上有较高的成就,工作的积极性和主动性强。在这类客运服务人员的需要结构中,成就需要占主导地位,而交往需要和生理需要相对地不太强烈。其工作积极性稳定、持久。客运管理工作的重点是为具有事业型动机的客运服务人员创造工作条件,使其积极性和创造性能够得到充分的发挥。

2. 自尊型

自尊型客运服务人员的职业动机处于一般水平上,谈不上献身客运服务事业,但也决不甘居他人之后。这类客运服务人员自尊心较强,比较注重荣誉或"面子"。他们力求自己的工作符合规章的要求,不使人说出问题和差错来。在这类客运服务人员的需要结构中,交往和发展需要占主导地位。他们的积极性常常呈现波浪式变化,当受到表扬时,劲头很足,遇到挫折时,则容易情绪低落,甚至垂头丧气。对待具有自尊型职业动机心理的客运服务人员,管理工作的重点是分析他的职业动机形成的原因,有针对性地对其工作中取得的成绩给予适当的表扬,表扬时要选择有其他人员在场的场合;对其错误要及时给予批评,批评时的场合视问题的严重性而定,一般性的小问题要避免其他人员在场,问题严重时,也需要当众批评,但要做到批评得力,使其心服口服。

3. 服从型

服从型客运服务人员职业动机的层次不高,让我做什么,我就做什么。因此,从心理上安于现状,不思进取,满足于"过得去"。这些客运服务人员的需要结构中,在生理、安全、交往等方面的因素占主导地位。他们往往在考评、评比或上级检查工作等激励因素作用下,表现出较高的积极性。因此,其工作积极性不能持久,带有"偶发性"。客运管理工作的重点是采取适当的方法调动这类客运服务人员的积极性。

4. 逆反型

具有逆反型职业动机心理的客运服务人员,在工作中不服从指挥,不积极工作,反而影响其他客运服务人员的工作态度。其产生职业动机心理的原因有很多方面,例如对客运服务工作不喜欢;在家庭生活及社会中发生了一些不愉快的事情,造成心理障碍,产生一些消极的情绪,把消极情绪带到工作中来等。因此,对具有逆反型工作动机心理的客运服务人员,客运管理工作的重点是分析产生逆反型心理的原因,有针对性地进行教育,解决其心理问题;对其工作中存在的问题给予适当的批评,问题严重者停止其工作。

上述这些类型的划分是相对的,有时是相互交叉的,同时又是可以转化的。作为管理者的任务,在于进行经常性思想教育,并且创造良好的情境条件,努力做好转化工作,使客运服务人员在工作实践中树立高尚的动机,帮助他们提高心理素质,促使其保持稳定而持久的工作积极性。

二、客运人员应具备的心理品质

(一)情感品质

情绪和情感是客观事物是否符合人的需要、愿望、观点而产生的态度体验和行为反应。情绪和情感的产生需要一定的情境刺激。情境是指直接作用于人的感觉器官、具有一定生物学意义和社会学意义的具体环境,环境的刺激使人产生情绪和情感。情绪和情感通过人的表情和行为表现出来。情绪和情感是人的主观体验,是一个人对情绪和情感状态的自我感受。短时间内的主观体验叫情绪,比如喜悦、气愤、忧愁等;长时间内与社会性需要相联系的稳定的体验叫情感,如理智感、道德感、美感等。

心境是一种微弱、平静而持续时间较长的情绪状态,如心情愉快、舒畅或心情烦闷、抑郁不快,在一个相当长的时间内有持续性。这种情绪状态倾向于扩散和蔓延,在心境发生的全部时间内,它影响着人的整个行为表现,好像自己周围一切都染上当时的这种情绪色彩。

心境在人的现实生活中有重要的意义,积极的、良好的心境能使人精神振奋,乐观地对待困难和挫折;消极的不良心境使人精神萎靡,意志消沉。培养良好的心境、克服消极的心境,是与意志、性格的锻炼分不开的。

激情是一种爆发式的、猛烈而时间短暂的情绪状态,如狂喜、暴怒、痛哭等。人能够意识到自己的激情状态,也能意识地调节和控制它。要善于控制自己的激情,做自己情绪的主人。培养坚强的意志品质、提高自我控制能力可以达到这个目的。譬如在节假日、上下班客流高峰时,由于客流多、出行条件差,此时的旅客相对于平时就更加容易激动,如果铁路客运职工处理不好的话,就很容易引起冲突,对铁路客运的形象造成不良的影响。

应激是出乎意料的紧迫情况所引起的急速而高度紧张情绪状态。人在工作和生活中,往往会遇到突然发生的事情或偶然发生的危险,它要求人迅速地集中自己的智慧和经验,动员自己全部机体的力量,即时做出决定,以应付紧急情况,这时产生的特殊体验即是应激。例如售票员、客运员,由于经常与旅客打交道不可避免要遇到一些突发事件,使情绪处于应激状态。因此,保持适度的应激状态,能更好地发挥积极性,使思维的判断力明确,增强人的反应能力。而这些方面又都是通过实践锻炼而获得或增强的。

情绪是内心的主观体验,情绪需要通过一定的形式表现出来,表达的方式即表情。表情主要有言语表情和动作表情两大类。譬如,我们一直强调"微笑服务",那么在服务过程中,客运服务人员为什么要微笑呢?其实微笑就是一种特殊语言——情绪语言,它在很多时候可以代替言语表情。在与旅客交往过程中,微笑对旅客的情绪有着主动作用和诱导作用,能使旅客产生信任,能引导旅客的情绪变得平和稳定;微笑是服务工作的润滑剂,也是服务人员与旅客建立感情的基础。

作为铁路客运人员,特别是一线服务人员,更应具备很好的情感倾向,即明确本职工作的性质,热爱自己的工作并能主动热情地为旅客服务。服务人员除了良好的感情倾向外,还要有深厚的、持久的、积极的情感。如果服务人员具备了良好情感,就自然会对所有的旅客热情接待、微笑和周到的服务,并乐于满足旅客提出的要求。同时在与旅客交流时,会虚心听取旅客的意见,不计较他们的说话口气的轻重,以及意见表达是否合理。另外,服务人员应该学会控制自己的情绪,要明确自己的社会角色,明确情感的对象是广大旅客,用理智的方法来控制自己的言行。除此之外,铁路客运服务人员还要学会对旅客情绪的理解,学习标准的服务表情进行微笑服务,掌握旅客情绪活动的规律,提前控制各种情感因素,进而提升自己的服务水平和旅客满意度。

要培养自己良好性格情绪,服务人员要重视自己性格的培养,要认清和把握自己的性格特点,扬长补短,使自己的性格更好地适应服务工作需要。特别是青年职工,更要把握青年兴奋性高、波动性大、封闭性和多样性的情绪特点。服务人员要想保持或培养自己良好的情绪,首先要有远大的抱负和志向,其次要增强适应生活的能力,再次要不断地调整适应能力。

(二)意志品质

意志是指人为了达到一定的目的,自觉地组织自己的行为,并与克服困难相联系的心理过程,是意识的能动表现。人在反映客观现实的时候,不仅产生对客观对象及其现象的认识,也不仅对它们形成这样或那样的情绪体验,而且还有意识地对客观世界进行有目的的改造。这种最终表现为行动的、积极要求改变现实的心理过程,就是意志过程。意志过程和认识过程、情感过程一样,也是人脑的机能。它能够自觉地确立目的,是人行为的特征之一,能够有意识、有目的、有计划地向着一定的和事先知道的目标前进。

意志对人行动的支配或调节作用表现为两方面:一方面,这种支配或调节是根据自觉的目的进行的;另一方面,正是通过这种对行动的支配或调节,自觉的目的才能得以实现。

意志行为以行动的明确目的性为特征,正是由于有了这种目的,人才能发动有机体作出符合目的的行动,并且制止某些不符合目的的行动。意志行为的水平以及效应的大小,是以人的目的水平的高低和社会价值的大小为转移的。一个人的行动越有目的,他的目的的社会价值越大,那么他的意志水平就越高,行动的盲目性与冲动性也就越小。中外许多著名的科学家、艺术家,他们之所以能在自己的领域中取得成绩,一个重要的原因是具有明确的生活目的。

意志行为和克服困难相联系。并不是所有的随意行为都叫意志行为,意志行为总是和克服困难相联系。例如,一个人偶尔参加一两次晨间锻炼,这不是意志行为,但一个人坚持天天锻炼,风雨无阻,就需要坚强的意志努力。

困难有两种:一是内部困难,指思想上的困难,如存在相反的目的与愿望;二是外部困难,指客观条件的阻碍,如缺乏工作设备、工作和生活环境比较艰苦、存在外在的干扰和破坏等。人的意志既表现在对内部困难的斗争中,也表现在战胜外部困难的努力中。

服务人员的意志品质,存在着巨大的个体差异。良好的意志品质,表现为意志的自觉性、坚定性、果断性和自制力。

自觉性是指能深刻地认识行为目的的正确性和重要性,并主动地支配自己的行动使之符合该目的的意志品质。有高度自觉性的人能够按照自然界和社会发展规律,提出自己的行动目的,经常主动地使自己的行动服从于该目的。既不会鲁莽行动,也不会盲目附和。

坚定性是指在完成艰巨任务时坚持不懈地克服困难的意志品质。有高度坚定性的人,有顽强的毅力,充满信心地为正确的目的而奋斗,不怕困难和挫折,善于总结经验和教训,既不为无效的愿望所驱使,也不被预想的方法所束缚。

果断性是善于迅速地辨明是非,迅速地确定决定和坚决地执行决定的意志品质。果断不同于轻率,它是以周密考虑和足够勇气为前提的。果断的人对自己的行为目的、行动方向和可能后果,都有深刻的认识和清醒的估计。所以,当事态发展到最紧急关头时,就能当机立断,及时行动,毫不动摇。

自制性是善于控制自我的意志品质。在意志行动中,欲望的诱惑,消极的情绪等都会干扰服务人员做出决定和执行决定。有自制力的人能够驾驭自我,克服自己的欲望和情绪干扰,迫使自己执行已经采取的、具有充分根据的决定,或者奋力地进取,或者坚持制止某些行为。

人们意志品质不是天生的,而是在后天生活实践的过程中逐步形成的。铁路客运服务人员意志品质的培养要有一个过程,即下决心、树信心、持恒心。在培养自己的意志品质中,最关键的要战胜自己,即在克服困难中锻炼自己的意志,这些都需要服务人员从自身角度出发,注意培养自己良好的性格意志品质。

（三）能力品质

1. 能力的概念

能力是一个人顺利地完成某种活动所必须具备的条件,它是在心理特征方面的综合反应。

人的能力总是与人的活动联系起来,能力实际上是个体从事活动的能力。能力表现在相应的活动中,例如学习能力、认识能力、组织能力等,都是指从事相应活动的能力。能力与活动不是一一对应的关系,一种能力往往在多种活动中发挥作用。

一个人如果个性中具有完成某种活动所需的各种能力,并且能够把这些能力很好结合起来出色完成这种活动,那就是说这个人具有从事这种活动的"才能"。"才能"就是各种能力的独特的结合,是知识的灵活运用的过程。如果完成某种活动所必备的各种能力在活动中能够得到最充分的发展和最完善的结合,并能创造性地、杰出地完成相应的活动,通常把具备这种能力表现的人叫做"天才"。天才离不开社会历史、时代的要求,离不开个人的勤奋和努力。

一个人的能力不可能样样突出,甚至还会有缺陷,但是人可以利用自己的优势发展其他能力来弥补不足,同样也能顺利地完成任务或表现出才能,这种现象叫做能力的补偿作用。例如,盲人缺乏视觉,却能依靠异常发达的触觉、听觉、嗅觉及想象力等去行走、辨认币值、识记盲文、写作或弹奏乐曲,有时表现出惊人的才能。又比如,有些人机械记忆能力比较薄弱或在成年后有所减退,但仍然可以依靠或发展自己特有的理解力、判断力去掌握各种知识或做出有分量的决策,并不比其他人逊色。所有这些都表明,才能并不取决于一种能力,而有赖于各种能力的独特结合。

2. 能力的发展

能力的发展主要是由环境、教育和实践活动所决定的。

环境主要是指物质和文化环境。研究表明,物质和文化环境的改善进一步促进了能力的提高。如果没有充足的休息、科学的饮食和愉快的心情,能力的发展将会受到限制。铁路客运职工由于处在一个连续的工作环境里,生理和心理都受到一定的影响,所以在日常生活中,更加要注意保持一个良好的心态和有规律性的饮食和休息,丰富自己的文化生活,从而为能力的提高打下一个良好的基础。

教育在能力发展中起主导作用。在教育过程中,学习掌握知识、技能的同时也就发展着能力。目前,铁路各级单位对职工的培训工作相当重视,已经形成了制度化。铁路客运服务工作不是一个简单的劳动,而是一门服务艺术。随着社会的发展,我们所面临的服务对象、服务环境已经发生了巨大的变化,在这种情况下,只有主动加强自身的学习,努力学习新技术、新技能,才能更好地满足旅客需求,提高旅客的满意度。

环境和教育是能力发展的外部条件,而人的能力最终还是要通过主体的积极活动才能得到发展,在工作中,这表现为人的主观能动性。铁路客运服务人员必须认识到能力是在人的活动中形成和发展起来的,一个人的能力水平与他从事活动的积极性成正比。

3. 客运服务人员具有的主要能力

一般来说,要给旅客提供良好的服务,铁路客运职工在服务工作中应该具备以下基本能力。

(1) 感觉与知觉能力

感觉是一种最简单的心理现象,它是人脑对直接作用于感官的刺激物的个别属性的反应,例如看到某种颜色,听到某种声音,闻到某种气味等等。在动物心理进化过程中和在儿童心理发展的初期,都曾经独立地存在过,但是在正常的成年人的心理活动中却很少独立存在。在成年人那里,除非在某些特殊情况下,如来不及看清物体的时候,才有单纯的感觉。感觉是认识的入口和开端,没有感觉便不会有比较高级和复杂的知觉、表象和思维。而知觉是客观事物直接作用于器官,在头脑中产生的对事物整体的反应。知觉以感觉为基础,但知觉作为一种活动过程,包含了相互联系的几种作用:觉察、分辨、识别和确认,它不是感觉的简单总和,而是在事物个别属性的基础上形成的事物整体属性。例如我们想到火车,哪怕没有见到实物,也能知道它是由一个火车头挂着长长的车厢,有很快的速度和很大的牵引力,于是,我们把这个事物反映成火车,这就是知觉。

培养铁路客运服务人员的感觉与知觉能力意义重大。感觉与知觉能力在客运服务人员日常工作中起着重要的作用。通过感觉与知觉,客运服务人员能够认识外界环境,从而了解事物的各种属性。通过感觉与知觉,还能认识自己机体的各种状态,有可能实现自我调节。没有感觉与知觉提供的信息,客运服务人员就不可能根据自己机体的状态来调节自己的行为。因此,必须加强感觉与知觉能力的培养与训练。一方面给别人一个好的感官印象;另一方面为进一步了解别人奠定一个好的基础。

(2) 注意与观察能力

注意是指心理活动对一定对象的指向和集中。注意有两个特点:一是指向性,指向是指人们的心理活动有选择地朝向一定对象,而同时离开其余对象;二是集中性,集中是指人们的心理活动不仅指向某种事物,而且坚持在这一对象上使注意活动不断深入。服务人员的注意能力有以下几个特性:

① 范围性,指在同一时间内服务人员所注意对象的数量,这是注意在数量上的特性。

② 紧张性,指服务人员心理活动对某个事物的高度集中,而同时离开其余的一切事物,这是注意在强度上的特性。

③ 稳定性,指服务过程中服务人员注意在一定事物上所能持续的时间,这是注意在时间上的特性。

④ 分配性,指服务人员在一定时间内注意力指向于不同的对象或活动注意的分配是有条件的,最重要的条件是在同时进行的两种活动中有一种活动必须是非常熟练的。

⑤ 灵活性,指服务人员能够灵活地分配注意力,根据需要及时将注意力迁移到新的对象上去。

观察是有目的、有计划、比较持久的知觉。在铁路服务工作中，观察应该有明确的目的和任务。要细心体察、整理和总结观察结果，善于积累经验。通过观察及时了解旅客的需求、情绪以及旅客对铁路所提供服务的意见，从而有针对性地提供给旅客更恰当的服务。观察能力是通过培养和训练而获得的，是服务人员通过自己的实践活动逐步形成而发展起来的。

客运服务人员要适应复杂多变的工作环境，清晰地反映旅客和工作中的情况，提高认识活动的效果，就必须具有良好的注意力和观察力。

对于客运服务人员，在日常工作中，尤其是客流较多、站车秩序不好的情况下，有良好的注意力和观察力，才能发现"问题"，如发现携带违禁物品上车，发现特殊旅客等。只有发现问题，了解问题产生的原因，才能及时采取措施使问题得到有效的解决。因此，对客运服务人员良好注意力和观察力的培养，有其重要的意义。

(3) 记忆与理解能力

记忆是一个人所经历过的事物在人脑中的反应，是人脑积累经验的功能表现。人在生活和活动中，对感知过的、思考过的事物的印象总是或多或少、不同程度地保留在头脑中，即使当这些事物不在眼前时，也可以重新显现出来，这个过程就是记忆。记忆中所保留的印象就是人的经验。个体经验的积累和行为的逐步复杂化是靠记忆实现的，离开记忆就不能积累和形成经验。

理解是运用已有的经验、知识去认识事物的种种联系，直至认识其本质、规律的一种逐步深入的思维活动。认识其本质和规律，只有不限于单纯通过感知觉或记忆的直接认识，而是通过思维活动，一般就可称为理解。理解是掌握知识的重要环节，有些知识需要记忆，而在理解的基础上进行，记忆的效果就好。

在铁路运输服务工作中，离开良好的形象记忆能力，就记不清旅客，尤其是重点旅客的相貌特征。缺乏语义记忆或语言逻辑记忆，就记不清站名、票价、作业程序等。缺乏运动记忆，就不能很快掌握各种作业技巧。缺乏情绪记忆，人就会变得麻木。对事物的理解力是认识事物本质所必需的，在信息传递的过程中，缺乏对信息的理解，就不能有效地利用信息。例如，同事给一个手势，没有理解这个手势的含义，就不能做它所指示要做的事情。因此，培养和锻炼良好的记忆能力和理解能力，是做好铁路运输服务工作，提高服务质量的重要基础。

(4) 思维与想象能力

思维是人脑借助于言语、表象和动作实现的对客观事物的概括的、间接的反应。它揭示事物的本质特征和内部联系，是认识的高级形式，它主要表现在人们解决问题的活动中。

想象是对头脑中已有的表象进行加工改造，创造出新形象的过程。形象性和新颖性是想象活动的基本特点。想象是在感知的基础上，改造旧表象，创造新形象的心理过程。

感觉和知觉是对客观现实的直接的反应，而思维和想象是对客观现实的概括性、创造性的间接的反应。客运服务人员经常和旅客交往，会碰到各种各样的问题和矛盾。因此，客运服务人员具备敏捷的思维和丰富的想象，可以灵活、妥善、创造性地处理各种矛盾和问题。

(5) 表达能力

表达能力是服务人员与旅客进行交往时运用语言、表情传递有关信息的能力，包括表情与语言两个部分。

表情主要是指服务人员的态度、手势和目光。譬如，态度是否傲慢、慌乱、冷淡、随便，手势的幅度是否过大,目光是否能表达自己的感情等。

语言主要是指服务人员是否使用规范的或普遍认可的语言形式。譬如,语言是否能简明扼要地表达思想,是否能注意到旅客的感受和体验,是否恰当和有条理等。

为了提高语言的表达能力,在日常生活中经常训练自己,将感觉、知觉转化为概念,用概念构成思想并以语言的形式加以表达,进一步把思想用于实际,使抽象的知识上升为具体的知识。在这个过程中既掌握了知识,又发展了能力。在语言表达能力的教育中,应把直观生动思维、抽象思维和实践三者合理地结合起来,也就是把语言和实践,再现和探索,归纳和演绎,独立活动和人们指导下进行的活动合理地结合起来。

(6)劝说能力

劝说能力是指在服务过程中,通过劝说使旅客态度有所改变的能力。在劝说旅客时,应该热诚、真实地面对旅客,富有同情心,要做到有针对性和耐心,注意劝说的场合和使用的语言,急旅客所急、想旅客所想,让旅客真正感受到铁路的人性化服务

三、客运人员心理健康

心理健康是完整健康概念的组成部分。心理健康是良好心理素质的基础要求。从广义上讲,心理健康是指一种高效而满意的、持续的心理状态;从狭义上讲,心理健康是指人的基本心理活动的内容完整、协调一致,能顺应社会,与社会保持同步。

健康心理与人的思想品德的关系是十分密切的,这种关系集中体现在健康人格与思想品德的相互联系之中。人格也称个性。首先,人的思想品德结构中就包含有个性心理素质,如理想、信念和世界观本身就是个性心理倾向中具有核心意义的内容。此外,如良好的道德品质、积极的人生态度、努力刻苦的学习精神等等,也都要以健康的心理素质作为基础和中介。因此,思想道德修养离不开健康的个性心理的培育。性格是人的心理活动过程中表现出来的比较稳定的成分,指人对客观现实的稳固态度以及与之相适应的习惯化了的行为方式的心理特征。性格不可避免地要受到一定的社会道德规范的约束,并对它有所评价。

1. 心理健康水平的判定

判断人的心理健康状况必须考虑年龄、性别、社会身份、情境等各种因素。某些行为发生在孩子身上是正常的,发生在成人身上则是变态的;某些行为发生在女性身上是可以接受的,而发生在男性身上则难以容忍;某些行为在特定的社会背景和条件下是正常的反应,而在其他情况下出现则被视为超常规的行为。

基于对这些因素的考虑,心理学家提出的判定心理健康或心理正常与否的基本标准,就是同等条件下大多数人的心理和行为的一般模式,也就是社会常模。学者将人的心理健康水平大致分为以下3个等级:

(1)一般常态心理者:表现为心理经常愉快,适应能力强,善于与别人相处,能较好地完成同龄人发展水平应做的活动,具有调节情绪的能力。

(2)轻度失调心理者:表现出不具有同龄人所应有的愉快,与他人相处略感困难,生活自理有些吃力。若主动调节或通过心理辅导专业人员帮助,可恢复常态。

(3)严重病态心理者:表现为严重的适应失调,不能维持正常的生活、工作。如不及时治疗就可能恶化。

2. 心理健康的基本要求

客运服务人员心理既有大众心理的一般特征,又具有自身的特点。客运服务人员心理

健康标准是个有待我们共同研讨的课题。下面提出4点基本要求，供大家参考。

（1）心胸宽广，能容己、容人、容事；

（2）热爱生活，乐观向上，相信自己，也相信他人；

（3）对社会发展变化反应灵敏，并能积极地适应和参与；

（4）情感健康稳定，善于自我调节，具有不怕困难和挫折的毅力。

心理健康的基本要求是心理各个方面的均衡发展，是个人与社会的协调，最终形成完整统一的人格品质。青年是健康心理的奠基时期，此时塑造好优秀品质，对人的一生都会有重要的影响。

3. 正确理解和运用心理健康标准应注意的问题

正确理解和运用心理健康标准应注意以下几个问题：

（1）心理不健康与有不健康的心理和行为表现不能等同。心理不健康是指一种持续的不良状态，偶尔出现一些不健康的心理和行为并不等于心理不健康，更不等于已患心理疾病。因此，不能只看一时一事就简单地对自己或他人做出心理不健康的结论。

（2）心理健康与不健康不是泾渭分明的对立面，而是一种连续状态。从良好的心理健康状态到严重的心理疾病之间有一个广阔的过渡带。在许多情况下，异常心理与正常心理、变态心理与常态心理之间没有绝对的界限，只是程度的差异。

（3）心理健康的状态不是固定不变的，而是动态变化的过程。随着人的经验的积累，环境的改变，心理健康状况也会有所改变。

（4）心理健康的标准是一种理想尺度，是从客运服务人员的优秀的心理素质中总结出来的有代表性的特征，它不仅为我们提供了衡量心理是否健康的标准，而且为我们指明了提高心理健康水平的努力方向。每一名客运服务人员在自己现有的基础上作出努力，都可以追求心理发展的更高层次，不断发挥自身的潜能。

4. 提高客运人员心理健康水平的途径

（1）减少过度的心理压力

在日常生活中，人们常常承受着一定的工作压力。压力指由刺激引起的，伴有躯体机能以及心理活动改变的一种身心紧张。适当的压力是心身健康所必须具备的条件，它有助于提高人的学习生活效率，正可谓，"人无压力轻飘飘"。但是紧张与松弛状态要维持在合理的平衡的水准上。当平衡点趋近松弛状态，生活就会变得枯燥无味，生理活动也会停滞下来；当平衡点趋近紧张状态，生活就会变得具有冒险性、挑战性、刺激性，同时也可能影响身心健康。因此，必须不断地平衡紧张与松弛的状态，具体可以通过以下方法减少压力。

①通过一些心理压力测试量表来自我评价。从中发现自己在压力下反映出来的特点，并认识压力继续下去可能导致的后果。

②学会自我放松。通过自我默想，使意识范围逐渐缩小，排除外界干扰，全身松弛，纠正情绪的失衡状态，冷静地引导自己从烦恼、愤恨、紧张等消极情绪状态中解脱，达到内心的平静和安宁。

③在问题及后果还未引发之前将压力加以控制。其方法有：坦诚倾诉，找亲朋好友诉说；调整工作节奏，在还没有达到极度疲劳时，将工作步伐缓慢下来；调整生活节奏，经常从事体育运动，打球、散步，调节身心；学会放松，每天用一定的时间平静和安定情绪，如听音乐、看漫画、观赏花草、打太极拳、参加自律训练等。这些方法都可以通过神经与肌肉松弛而达到消除压力的目的。有的人依赖药物、酒精、烟草等方法来应付压力是不可取的。

④学会分析矛盾,分解压力。有的可以分解化小然后应对;有的可以分期分批,逐步解决;有的可以有取有舍,将压力适时转化。

(2)学会应对挫折

在心理学上,挫折是指一种情绪状态,主要是指个体在从事有目的的活动过程中,由于遇到阻碍和干扰,使个人需要不能得到满足,动机无法实现而产生的紧张状态和情绪反应。人们的需要产生动机,动机一旦产生便引导人们的行为指向目标。但这种指向目标的行为,由于受到社会、政治和经济的制约,并不是任何时候都能达到目标的。行为的结果受到阻碍,达不到目标的情况是常有的,这就是挫折。特别在现今的客运服务环境中,认识什么是挫折,对改变员工的行为、提高其积极性具有重要意义。挫折产生可分为外在因素和内在因素两类。

①外在因素

外在因素又可分为实质环境与社会环境。实质环境是指个人能力无法克服的自然环境,如无法预料的天灾地变、衰老疾病、天气影响等。社会环境是指所有个人在社会生活中所遭受到的政治、经济、道德、宗教、风俗习惯等人为的限制,例如因种族的不同,使一对相爱的男女无法结婚;或由于考试制度的关系,使一个具有特殊才能的人无法发挥其才能。

②内在因素

内在因素包括个人的生理条件与动机的冲突。个人的生理条件,是指个人具有的智力、能力、容貌、身材以及生理上的缺陷疾病所带来的限制,如一个色盲者无法进医学院念书,或担任某些特殊的工作。动机的冲突,是指个人在日常生活中,经常同时产生两个或两个以上的动机,假如这些并存的动机无法同时获得满足,而且互相对立或排斥,其中某一个动机获得满足,其他动机受到阻碍,则产生难于做抉择的心理状态。

铁路客运服务人员的挫折因素主要有学习挫折、家庭挫折、人际挫折、恋爱挫折、病残挫折、情绪挫折、专业选择挫折等。

不同的人对挫折的承受能力是不一样的。承受能力是对个体产生挫折感的最小刺激量,承受能力越低挫折感就越强。个人的抱负水平、容忍力影响着人的承受能力,其中容忍力是受到挫折时避免行为失常的能力,它受生理因素、认知因素、社会经验的影响。

人们受到挫折会产生各种行为,作为铁路客运职工来说,当受到挫折后,其原因不论是属于外在因素还是内在因素,都不应该把愤怒、攻击、不安、冷漠等情绪上的反应带到工作中去,应该努力控制自己的情绪,通过工作缓解自己的压力。

在生命的旅程中,谁也不能担保会永远成功。相反,人们可能会经常遇到挫折和磨砺。所以要成为优秀的客运员工,必须具备较高的心理耐力,在遇到挫折时,不会轻易产生悲观心理、动摇心理和畏难心理,而且能够勇敢地承受和战胜困难和挫折。即使遇到了意外打击、突如其来的灾难,也应处变不惊,泰然处之,用乐观、自信的态度和顽强的意志力去征服困难,最后走出困境。

(3)适当使用挫折防卫机制

个人受到挫折后,挫折情境造成的对人心理上的压力,会使人产生紧张、愤怒、压抑或焦虑的情绪反应,并导致心理和生理活动的不平衡状态,如血压升高、汗腺分泌增多、胃液分泌减少等,长久下去便导致心身性疾病,如高血压、胃溃疡及偏头痛等,影响人的正常行为和活动能力。为了对付这种压力,减轻或摆脱焦虑情绪的困扰,解除紧张状态所带来的不安,恢复心理和生理活动的平衡,受挫者会自觉或不自觉地寻找和使用一些策略和方法,应付或适应所面临的挫折情境,以减少挫折和焦虑情绪对自己的损害,减轻心理所承受的压力,保护自我,度过挫折期。

因此个人为了减压或避免挫折可能带来的不愉快与痛苦,减轻挫折造成的心理压力,有意或无意中运用的种种心理防卫方式,被称为挫折的心理防卫机制(简称挫折防卫机制),对心理进行清洁,让不良情绪得到释放或转移。各人从其生活经验中寻其惯用的一套,成为其性格中的一部分,常见的有以下几种:

①合理化作用。个人无法达成其追求的目标,或其表现的行为不符合社会的价值标准时,给自己找出适当理由来解释。这个理由未必是真正的理由,而且第三者看来往往是不合乎逻辑的,但本人却能以此说服自己,感到心安理得。

②逃避作用。个人不敢面对自己预感的挫折情境,而逃避到安全的地方,即逃向另一现实。

③压抑作用。将可能引起挫折的欲望以及与此有关的感情、思想等抑制而不承认其存在,或将其排除于意识之外。

④代替作用。个人对某一对象所抱持的动机、感情与态度,不为社会所接受或遇到困难时,将此种感情与态度转向其他对象以取代之,称为代替作用。

⑤表同作用。个人为迎合供给需要满足的保护者(如父母、师长等),在思想上及行为上模仿他们,将自己与他们视为一体,照着他们的希望行动,如此可以减少挫折,称为表同作用。

⑥投射作用。存在于个体内部的许多动机中,有些是自己不愿承认的,或者因为承认了之后引起内心的不安及厌恶感,因而无意识中把这些动机及与此有关的态度、习性等排除于本身之外,而加到别人或物体上,称为投射作用。

⑦反向作用。个体为防止某些自认为不好的动机呈现于外表行为,采取与动机相反的行动,即想借助相反的态度与行为,抑制内心的某些动机。

防卫方式具有调和自己与环境间矛盾的功能。它可减低情绪冲突,从自身内在具有危险的冲动中保护自己,缓和伤感的经验,减轻失望感,消除个人内在、外在因素的冲突,协助个体保持价值观与充实感。

挫折防卫机制的积极作用在于发挥个体的主观能动作用,减轻或排除精神压力,保持心理相对平衡,免受不良刺激的直接损害。挫折不是穷途末路,与其因挫折而愁肠寸断,伤了身心健康,莫不如且放自己过去,适时适度地启用自我防卫机制,会有助于个人在巨大的挫折变化面前尽快稳定自己的情绪,从而为寻求解决矛盾的最佳办法留出时间和空间。挫折防卫机制正是保证自己在遇到挫折时能够"退一步想"或"从另一个角度看"而导致解决问题的可能。个人应该学会防卫方式进行调和,面对不能调和的现状应主动地去心理咨询,在心理医生的指导下缓解或消除心理上的痛苦,以最合理的方式处理好挫折。

5. 客运服务人员心理预防

对于铁路客运服务人员的心理状况,应根据铁路服务工作的实际情况,从个人和单位的角度采取一些有效措施加以缓解与疏导。

(1)从客运员工个人角度

①创造和谐的自然和社会环境,建立良好的人际关系,储备社会支持力量,提高适应社会和改造社会的能力。人际关系的实质就是人与人之间心理上的距离,即情感关系。人们通过正常的交往、沟通、参与、融合,建立起良好的人际关系,对心身健康具有重要的促进作

用,反之,不协调的人际关系会造成心理失衡。

②锻炼体魄和培养健康的人格。预防心身疾病有赖于躯体的强壮,要通过劳动、工作、学习、体育锻炼与合理营养,使机体功能处于最佳状态。培养健全的人格,对于身心疾病的预防具有重要的作用。

③保持良好的情绪。情绪是身心联系的桥梁,保持良好的情绪反应,就是要建立良好的心理防御机制,使人在心理活动中,尤其是情绪失去平衡时,能够自觉、不自觉地以某种理由或方法去抵消、回避或否认内心所产生的紧张、不安和痛苦,从而恢复自身心理上的平衡和稳定。

④及早发现,及早治疗。首先要采取有效的躯体治疗,以解除症状,促使康复。其次要采取精神药物治疗,如抗抑郁、抗焦虑药物的使用等。此外还可以进行心理咨询与心理治疗。

(2)从单位的角度

①调整工作安排。在日常工作中合理调整工作安排,尽量减少加班加点;对简单重复的工作,实行工作轮换制,以减少员工的精神疲劳度。在工作环境布置中,应采取科学布局,在视觉、触觉和设备布置上注意减轻员工疲劳,如保证充分照明、空气流通、尽量采用自然光等。

②提供健康教育和体育锻炼机会。通过定期医疗检查和咨询帮助员工了解自身的各种健康问题,进行健康生活方式的教育,让员工知道体育锻炼、合理饮食和按时睡眠等的重要性;为夜班工人开办夜间工作健康知识讲座;在企业里提供健身器材鼓励员工在上班前、下班后和中间休息时参加锻炼;建立员工气功、武术、长跑兴趣小组等。

③加强心理健康教育。在工作之余,需要对员工进行心理健康教育和心理干预。要帮助员工正确认识自己的工作环境和在工作生活中出现的不良反应,掌握一些基本的心理学知识和心理疏解方法。

④员工帮助计划(EAP)。EAP由美国人发明,最初用于解决员工酗酒、吸毒和不良药物影响带来的心理障碍,后来发展到在日常工作里,运用EAP来调整企业员工的心态、生态、形态和状态,实践证明是一个相当有效的方法。

四、铁路客运服务人员的问题行为分析

在铁路旅客运输服务中,客运职工是居于第一线的,客运职工由于连续工作时间长,工作单调乏味,很容易造成职工的心理疲劳。消除客运职工的心理疲劳和员工怠倦情绪,加强心理卫生,对于激励职工的积极性、提高劳动生产率和服务水平有着重大意义。

1. 心理疲劳和员工倦怠

心理疲劳是指因心理、精神原因而非生理躯体原因导致无精打采、懒散无力,使反应速度、灵活性和准确度降低的心理机能消极状态。心理疲劳通常表现为自感体力不支、精力不济、反应迟钝且伴有注意力不集中、思维不敏捷、情绪低落、精神不振、活动效率降低、错误率上升,严重时还会引起头痛、眩晕、心血管和呼吸系统功能紊乱、食欲减低、消化不良以及失眠等。

心理疲劳一般发生在以下两种情景之中:一种是活动中紧张程度过高,致使心理活动异常、心理机能降低而显得不堪重负,难以承受精神压力而疲惫不堪;一种是长时间从事单调、乏味而令人厌烦的活动,致使兴致索然、情绪低落、活力降低而出现烦躁懒散、疲惫无力等。

心理疲劳与生理性疲劳、病理性疲劳不同。生理性疲劳与病理性疲劳尽管同心理疲劳一样也会导致工作能力减弱、工作效率降低、错误率增加等后果,但都是一种自然性防护反应。生理性疲劳是由身体的肌肉承担高强度或长时间的活动造成的,削弱的主要是人的体力,其表现是肌肉疲劳;病理性疲劳是由各种疾病引起的,削弱的主要是人的躯体机能,其表现是体虚乏力。心理疲劳则是肌肉活动强度不大也无躯体疾病,而纯粹由神经系统活动过于紧张或过于单调引发,削弱的是一个人的意志。

员工倦怠,指的是员工影响到工作效率和工作安全的身体和心理疲劳。心理疲劳很容易使员工产生员工倦怠。目前,有关员工倦怠的比例在我国没有明确的数据,美国《员工福利新闻》曾经报道:"47%的企业员工承认他们过去的三个月里在工作中出现过极度疲惫的现象,31%的员工认为由于睡眠不足影响到了工作,还有29%的员工说每天起床上班时感到没有休息好。"随着经济的发展,城市建设步伐的加快、职业要求提高等原因,处在服务第一线的员工身心健康方面的问题开始暴露出来。

2. 心理疲劳和员工倦怠的原因

造成铁路客运服务人员的心理疲劳和倦怠的原因是多种多样的,但主要有两个方面的原因:

(1)由于铁路交通运输的连续工作时间较长,使得员工不得不打乱正常的生活作息时间,全天候地从事客运工作,可能出现慢性身心综合疲劳症。尤其在一些客运的高峰时期,要求员工加班加点,或者在工作时对员工施加过多的心理压力,或者让员工做大量简单重复的工作等等。这样,铁路在保证客运任务完成的同时,就自觉和不自觉地忽视了员工的身心健康,造成心理疲劳。

(2)由于客运服务人员在从事繁重工作的同时,没有及时根据工作调整自己的生活作息时间。例如有些员工有深夜看电视或上网的习惯,晚睡晚起,还有的员工或吸烟喝酒过度,或饮食结构不合理或缺少体育锻炼等,以上这些不良生活习惯除直接引起工作中的疲惫之外,还常会造成不同程度的睡眠失调,间接地造成上班时的身心倦怠。

第三节 旅客投诉心理

一、旅客投诉及处理技巧

旅客的需求和客运服务往往存在差异,如果处理不当,容易引起旅客投诉。对旅客的投诉应给予足够的重视,不应恐惧、厌烦或不予理睬。铁路客运部门非常重视旅客的投诉,设有铁路客户服务中心,全路统一客服电话95306(12306),负责受理旅客咨询、投诉和建议。

(一)旅客投诉原因分析

旅客对铁路抱怨和投诉的原因,涉及因素较多(如对旅客不尊重、态度不好、工作不负责、车上食品价格高、设施不配套、服务项目种类少等),大致可分为两种:客观原因和主观原因。

1. 客观原因

客观原因一般是指非铁路责任。如旅客在明知列车晚点是因为自然灾害造成的,同样会产生焦急、烦躁等心理变化,并会在语言上、行为上有所表现。另外,由于焦急等待会在心理上产生时间上的错觉等。

2. 主观原因

在全部投诉中,更多的是主观原因引起的投诉,主要集中在以下两个方面。

(1)不尊重旅客。

不尊重旅客是铁路服务中引起旅客不满的一个重要原因。其具体表现有如下几点:

①招待旅客不主动、不热情、不周到。有的服务人员不主动称呼旅客,或者经常以"喂"代替;有的则对待旅客态度冷淡,爱理不理,或者旅客多次招呼也毫无反应;有的接待外国友人热情,而接待国内同胞态度冷淡。

②不注意礼貌服务,使用不礼貌的言语冲撞旅客。

③不尊重旅客的风俗习惯。

④没有根据地胡乱猜疑旅客拿走列车上的物品。

⑤讽刺、挖苦甚至辱骂旅客。有的服务人员对旅客评头品足,讽刺挖苦;有的服务人员甚至用粗俗的言语辱骂旅客"瞧你这熊样,还要多高的服务标准!"

(2)工作不负责任。

①工作不主动、不及时。

②清洁卫生工作马虎,食品、用具不洁。如有的服务人员卫生习惯不好,仪表不整;有的边工作边吃东西等。

③忘记或搞错了旅客的要求。

④弄脏或损坏旅客的物品。

(二)旅客投诉心理分析

通常情况下,旅客在投诉时有以下4种不同的心理需要。

(1)求尊重心理:在乘车过程中,旅客感到自己未被尊重,这是投诉最主要的原因。

(2)求宣泄心理:旅客利用投诉的机会把自己的不满发泄出来,以维持其心理上的平衡。

(3)求补偿心理:旅客希望自己在精神上和物质上的损失能得到补偿。

(4)求公平心理:根据"公平理论",旅客花了钱而没获得相应的服务,如价格不合理、服务设施不完善,服务不到位等,就会寻找一种公平的机会来满足自己的心理。

(三)旅客投诉主体分析

一般来说,旅客投诉的主体可大致概括为:

(1)公务出行者:人大代表、政协委员、政府公务员。

(2)商务出行者:国有企业公务人员、私营企业家、个体经营者。

(3)因私出行者:旅行结婚、旅游观光、求医治病等因私出行人员。

(4)其他出行者。

(四)旅客投诉对策分析

1. 正确认识旅客的投诉

要正确处理旅客的不满和投诉,首先必须能正确看待和分析旅客的不满和投诉。

(1)失误是难免的。不管一家铁路企业的经营管理多么完善,也不论铁路服务人员怎样尽心尽力,要想在服务中使每一位旅客时时处处都感到满意,恐怕也是难以做到的。事实上,列车的环境、卫生,或是食品质量、服务人员的态度等,都可能会遭到旅客的投诉。当碰到旅客投诉时,服务人员既不必大惊小怪、惊慌失措,也不可漠然视之,而应当保持平和的心态去积极应对和解决。

(2)旅客的投诉是一把"双刃剑"。旅客的投诉一方面可能会刺激、伤害服务人员,使服

务人员感到尴尬和不快;但另一方面,旅客的投诉对铁路企业来说又是极其宝贵的信息来源,也能给铁路企业带来如下一些好处:

①旅客的投诉可以反映出铁路企业在管理、食品及服务方面的缺点,从而促使铁路企业改进工作、提高服务水平并进一步增强铁路的市场竞争力。

②如果旅客的投诉能够获得满意的解决,将增加旅客对铁路企业的正确评价,降低对铁路企业的负面影响。

因此,旅客的投诉是一把"双刃剑",解决得好会使铁路企业获得一个改善、提高自己的大好机会;解决得不好则会使铁路企业深受其害,形象和声誉将受到一定程度的损失。

(3)要能够区别投诉和"挑刺"。多数旅客的投诉,并不是要不花钱而白吃白喝,而是为了"出口气",并让铁路企业有关人员改进工作。一般说来,旅客对铁路企业投诉就意味着他对铁路企业还是信任的,也存在着友好的愿望。因此,一定要对旅客的投诉抱有正确的认识,不能不加分析地统统将投诉看作是旅客故意"挑刺",如果是这种认为,那就会造成更大的纠纷。

2. 处理投诉的服务人员素质要求

及时、妥善地处理好旅客的投诉,对客运服务人员也提出了很高的要求。

(1)要树立正确的指导思想。客运服务人员必须正确认识自己在铁路服务工作中的定位。否则,就不可能有效应对各种突发事件和旅客投诉。其实,在旅客心里,几乎都是把客运服务人员当作铁路企业的"主人"来看待的。当旅客对食物和服务工作有意见时,总是向客运服务人员直接提出,一般都不会直接去找相关领导。在此情况下,铁路客运服务人员就应当以"主人翁"的姿态认真听取旅客意见,就有义务满足旅客提出的合理要求,绝对不能抱着"事不关己、高高挂起"的想法,对旅客不理不睬、敷衍搪塞或推卸责任。

衡量一个客运服务人员是否具有主人翁意识的主要标准,就是看其在实际的服务工作中,能否坚持把旅客置于首要的位置,处处为旅客着想,千方百计为旅客做好服务工作。

(2)具备良好的职业道德和公关意识。对于客运服务人员来说,最基本也是最重要的职业道德,就是诚实谦虚、礼貌待客,以"诚招天下客"作为开展服务工作的一个核心信念。客运服务人员需要在服务工作中奉行实事求是、有错必纠、有过就改的服务原则,决不可弄虚作假欺诈旅客,损害旅客的合理合法权益。

(3)掌握丰富的业务知识。作为铁路客运服务人员,必须熟练掌握与铁路服务有关的各种业务知识。其中,既包括铁路服务业方面的专业性知识,也包括其他方面的社会知识。铁路客运服务人员必须了解铁路的各种规章制度、工作要求,掌握相应的技能技巧,懂得怎样有条不紊地做好服务工作。就社会知识来说,铁路客运服务人员则必须了解不同旅客的服务需要,知道如何尊重特殊旅客的特殊习惯等等。总之,只有具备丰富的专业性知识和其他相关的社会知识,才能很好地预防乘务工作中可能发生的各种矛盾,并将已经发生的矛盾予以正确的处理。

(4)高超的语言艺术。语言是开心的钥匙,也是人们相互间加深理解、加强交流的一个得力手段。优美、得体的语言,可以使人们消除误会、冰释前嫌,化干戈为玉帛。服务语言是铁路客运服务人员为旅客服务的有效工具,彬彬有礼的服务用语伴随主动、热情、耐心、体贴、周到的服务行为,可以充分显示出铁路客运服务人员良好的素质和高超的服务水准。

更重要的是,当碰到突发紧急事件和旅客抱怨时,铁路服务人员借助具有高超艺术的语言来进行化解,使语言艺术成为化解旅客不满的有力武器。

3. 处理旅客投诉的一般对策

对于旅客的投诉,铁路客运服务人员一定要慎重对待,并且必须做到:耐心倾听,弄清真相,同情旅客,诚恳道歉,恰当处理。

(1)对旅客的投诉耐心倾听,弄清真相不急于辩解反驳或埋怨别的部门。旅客来投诉时,应当礼貌地接待,让他慢慢地讲,同时要耐心地倾听。

旅客心中有怨愤,让他们讲出来,发泄出来,他们心里才会舒服。耐心,有时可以使一个暴跳如雷的旅客平静下来。

(2)以诚恳的态度向旅客道歉。当旅客投诉时,铁路客运服务人员一定切忌置之不理或是与之发生争吵。

有些服务人员认为旅客来投诉是他们"多事"或有意"找茬儿",有意和服务人员过不去,这种想法是要不得的。

(3)区别不同情况,在旅客同意的情况下做出恰当的处理。对于一些明显是服务工作的错误,应当马上道歉,在征得旅客同意后,做出补偿等处理。

征得旅客的同意是为了避免处理时不合旅客的意愿,反而会使问题复杂化。

4. 处理旅客投诉的具体步骤

(1)不要与旅客争论、辩解。无论旅客是对服务人员还是其他方面进行投诉,当事人应该马上离开现场。一定不要与旅客争论不休,而是应该由铁路企业的管理人员出面解决,以表示重视。

(2)认真聆听。要详细地了解旅客投诉的缘由,认真听取旅客的诉说,让旅客感到铁路企业十分重视他提出的问题。

(3)真诚道歉。在了解了旅客投诉的缘由时,要表示出同情和歉意。在听旅客诉说的时候,要温和地注视着旅客,并不时地点头,同时向旅客说:"为此事,我们非常抱歉"、"我们非常理解您现在的心情"等。

(4)立刻采取措施。在明白了旅客投诉的事情后,要立刻采取措施。铁路企业方面负责出面解决问题的人员应该有权力对投诉的问题立即进行处理,同时把采取的措施与具体内容告诉旅客,让旅客知道铁路企业方面对此事的态度,从而减轻旅客的不满程度,产生对铁路企业的信任与感激之情。

(5)感谢旅客的批评指教。旅客无论是基于何种心理去投诉,在客观上都起到了帮助铁路企业改正缺点、改进工作、完善服务的作用,因此,要向旅客表示真诚的谢意,感谢他们的提醒与建议。

(6)将补救措施立即付诸行动。了解清楚旅客的投诉情况后,要果断采取补救的措施,视情况对旅客予以补偿。

指定了措施后,还要立即贯彻执行,付诸行动。拖延不决只会引起旅客更大的不满,旅客可能会认为铁路企业缺乏诚意。补救措施实施后,要尽快再次征求意见,询问旅客的满意程度。

(7)要落实、监督、检查对旅客的投诉的具体解决措施。处理旅客投诉并要获得良好的效果,其最重要的一环便是落实、监督、检查已经采取的纠正措施。

只有良好的监督机制,才能确保正确的补救措施能得以真正地执行,否则,补救措施制订得再完美,也只能流于空谈。

5. 处理旅客投诉的技巧

(1)理解和尊重旅客。理解和尊重是服务工作的原则,但在沟通过程中,就不仅是原则,还有技巧问题。即适当的表达方式和技巧是保证沟通顺利的重要因素。

(2)加强与旅客的配合。在铁路服务过程中,旅客的行为会影响服务质量和效果。旅客有效的参与行为是保证服务质量和满意度的必要和重要条件。有效的、顺利的沟通,离不开旅客的有效参与和配合。为此,必须加强与旅客的沟通和协调,以促进旅客的配合。

(3)迅速解决问题。铁路企业对于临时出现的问题,如列车延误、旅客投诉等,必须迅速、及时地解决。因为一个问题如不及时解决,就可能迅速变大或升级,从而造成极坏的影响。

(4)巧用幽默。在沟通过程中,除了一些特殊场合,人们总希望有轻松愉快的氛围,适当幽默能引起对方的善意。要在沟通中运用好幽默,注意幽默要看对象,对象不同,对幽默的理解和感受也不同。比如,文化水平高低不同的对象对幽默的理解和感受就存在很大差异。总之,幽默要以引起对方的共鸣为度。

(5)正确使用沟通语言。语言作为沟通工具,能否在沟通过程中正确地使用它,对达到沟通目的具有重要意义。正确使用沟通语言应注意如下几点:

①掌握运用语言的规律和艺术。一般沟通中的语言是按形式逻辑的规律来运作的,因此,我们应尽量使用清晰明确的语言,并使之前后呼应,通俗易懂。同时,注意语言的生动活泼,使之具有感染力。

②尽量"纯化"语言。这主要是指,在一般的人际沟通过程中,尽量少用方言土语或专用术语,特别是在与不熟悉当地文化传统背景的人及本行之外的人们沟通过程中,应尽量用普通话和大众熟悉的概念,以免发生误解。

③尽量发挥语言的综合优势。从大的方面说,要尽量发挥有声语言和无声语言的综合优势,使要传达的信息准确而有力地触动对方的心灵;从小的方面说,要利用好词语、语音、语调等的综合优势,使我们的语言表达更有特点,给人留下更加深刻的印象,使沟通顺利。

(6)站在旅客的角度。换位思考是服务工作的法宝。

(7)分清原因,合理应对。

对于客观原因造成的投诉,铁路客运服务人员可以针对这些旅客的心理,明确自己工作的性质,想旅客之所想,急旅客之所急。同时,利用自己的服务技巧做好铁路运输非正常情况的服务,做到"旅客可以对客观原因造成的不正常不满意,但决不能使旅客对自己的服务不满意"。

对于主观原因造成的投诉,铁路客运服务人员首先应该在感情上、心理上与投诉者保持一致;然后必须尽快正确地判断失误的性质和责任划分,再采取合适的方式进行补救。一般来讲,可以采取以下几种主要方法:口头或书面向旅客表示道歉;承认失误,承担相应的责任,并加以改正;以合理的形式对旅客进行补偿。

事实上,旅客在心理上对铁路企业所提供的服务往往具有较高的期望值,服务的失误会使旅客产生过度的不满和抱怨,虽然错误不一定在铁路企业方面,但铁路企业必须树立"假设当前旅客正确"的观念,对旅客的不满尽量在投诉的现场采取措施进行解决,延误的时间越长则解决的效果越差,处理成本也会大幅度地增加,造成不良影响扩大或升级。

二、案例分析

【案例 3-1】 旅客急病

【情景再现】

一天深夜,石家庄开往广州的某次列车正奔驰在湖广大地上。忽然,一位少女的哭声惊醒了车厢内熟睡的旅客,原来是她两岁的小妹妹突发急病,已陷入了昏迷状态,惊慌失措的姐姐含泪的目光求助地望着大家。紧急之中,列车员叫来了值班车长。"大家不要急!"列车长先稳定住车厢内旅客的情绪,同时,迅速布置乘警、列车员在车厢内寻找医生,并抓紧向少女了解情况,为下一步工作做好准备。前后赶到的四位医生经过紧急会诊,一致确诊为急腹症,需马上入院手术。可列车运行到下一个停车站长沙还需要近 2h,到时恐怕就来不及了,小患者的姐姐一听又哭了起来。情况紧急,需特殊处理。列车长立即向列车运行所在局行车调度汇报,请求批准本次列车在前方某个市级站临时停车。在得到行车调度批准并得知调度已通知当地医院的准确消息后,小患者姐姐的脸上也露出了笑容。列车长还没来得及松口气,发现女孩低着头又哭了起来,经询问,得知女孩只带了 300 元,怕到医院不够。旅客的困难就是我们的困难,列车长掏出了 100 元,紧接着乘警、列车员也各掏出了 100 元,四个医生每人也捐出了 100 元,其他旅客也纷纷解囊。拿着厚厚的一沓人民币,女孩还带着泪花的脸上露出了笑容,她感谢列车长、乘警、列车员,感谢在场的医生和旅客,也感谢铁路上那些未曾见面而帮助她的人们。

当列车停稳在站台旁时,人们见到了迎候的救护车。深夜中,救护车顶上那闪烁的蓝色灯光是那样的灿烂、温馨。

【分析提示】

(1)列车员、列车长能在发现旅客患病、稳定旅客情绪、应急处置、向上级汇报、后续援助等环节中,各施其责,及时果断采取相应措施,有条不紊地控制事态向良性方面发展,既成功地救助了旅客,也为铁路企业赢得了良好的社会声誉。

(2)事件发展过程中,列车长能凭借自己的良好的心理素质和过硬的业务能力,临危不乱,准确把握患病旅客亲属及周围旅客的心理,既用适当的言语及时稳定大家的情绪,为救助工作创造了条件,又通过合理的应急处理流程落实各项工作,从始至终,很好地掌控着局势的发展,为最后的成功救助奠定了良好的基础。

(3)尤其值得褒扬的是列车长在旅客遇到困难时,能把旅客当亲人,急旅客所急,正是列车乘务人员高度的责任心和对旅客的爱心,感动了周围的旅客,真正做到了完成一次服务,化解一次危机,更收获一份荣誉。

【案例 3-2】 列车空调故障

【情景再现】

2014 年 7 月,某次列车 1 号车厢前半部空调发生故障,致使车内温度一度达到 29.5℃。该车厢乘坐的是某市十余所重点中小学赴外地参加桥牌比赛的学生选手及带队老师,共 55 人。由于车内温度较高,带队老师对列车工作人员关于空调故障的解释以及在随后的列车给旅客发放矿泉水的过程中漏发了一些旅客的情况表示不满,情绪激动、言辞激烈,要求给予补偿、给出说法,并声称到站后不下车。

列车长接到乘务员报告后,与机械师立即赶到现场,一方面积极做好解释和安抚,另一方面对空调故障全力进行抢修。同时集中列车所有矿泉水,使用一次性纸杯,逐人送到每位旅客手中。后经客运调度协调,又分别于列车运行前方站补充20箱冰冻矿泉水,向每位旅客发放,同时始终做好致歉、解释工作,使旅客情绪得到稳定。

整个过程中,列车长随时将车内状况及旅客情况向段派班室、车队汇报,并按行车调度要求拍发空调故障电报。当段里接到带队老师强烈表示到站不下车的信息后,相关段领导于列车到达某中间站时上车,与带队老师进行直接接触,表明诚意,沟通感情,准确说明铁路相关规定,使旅客感受到铁路企业的诚意,增强了对铁路企业的信任。经多方反复努力,列车到达旅客的目的站时,55名旅客全部顺利下车。

【分析提示】

(1)在开始环节引起旅客不满的原因中,直接原因是气温较高、列车空调设备的故障,属于客观原因;间接原因是列车乘务人员给予旅客的空调故障简单解释及在发放矿泉水工作中的疏忽,属于主观原因。客观原因反映出乘务工作准备不足,并且对已发现的设备故障问题重视不够;主观原因显示出乘务工作人员尊重旅客的意识不强和对工作责任心不足。而这两种原因相结合,造成了旅客的抱怨和不满。

(2)随着列车长和机械师的迅速赶到,他们进一步的解释和安抚,以及对空调进行全力抢修,旅客感到他们反映的问题有实质性进展,心理稍微宽慰。同时,旅客也感到自己受到了更多的重视和尊重,心理的怨气也就减弱了许多,这样也就为乘务人员更好地解决问题赢得了时间和条件。接下来乘务人员的两个细节服务措施值得肯定:一是集中列车所有矿泉水,使用一次性纸杯,逐人送到每位旅客手中,这样把给旅客发放整瓶矿泉水换成为每一位旅客倒上一杯水,既体现了乘务人员对旅客的诚意,又不会再次漏掉哪一位旅客而引起旅客的误会,而且方便乘务人员能单独带给每一位旅客一句真诚的道歉,这样就会让旅客心里的怨气进一步得到缓和。二是积极与客运调度,从前方站紧急补充冰冻矿泉水,再次向旅客发放更加显示出铁路乘务人员的诚意和歉意。人非草木,孰能无情,通过列车乘务人员一系列的工作,旅客的心理势必已发生很大的变化,也就为最后的解决问题打下了良好的基础。

(3)最后,相关段领导及时、主动上车,与带队老师进行直接接触,进一步表明了诚意,沟通了感情,因此当列车到达旅客的目的站时,55名旅客全部顺利下车也就顺理成章了。至此,本次旅客的投诉终于得到了完满解决。

(4)从本案例的发生、发展、解决的整个过程中,我们看到在处理旅客投诉时,乘务人员的基本素质积淀以及对旅客心理的把控能力、对突发情况的应急反应水平、对本职工作的敬业精神等都在起着至关重要的作用。因此,加强职业培训力度,不断提高列车乘务人员的综合素质,始终是铁路客运服务工作中的一项需要长期坚持而又非常重要的工作。

复习思考题

1. 旅客乘车的共性心理需要表现有哪些?
2. 旅客乘车的个性心理类型有哪几种?其特点是什么?
3. 如何对旅客进行群体心理及服务?

4. 影响服务期望的因素有哪些?
5. 客运服务人员的职业动机是什么?
6. 客运服务人员应具备的心理品质有哪些?
7. 客运服务人员应具有的主要能力有哪些?
8. 提高客运服务人员心理健康水平的途径有哪些?
9. 旅客投诉的客观原因有哪些?
10. 旅客投诉的主观原因有哪些?
11. 处理旅客投诉的技巧有哪些?

第四章　铁路旅客服务工作

　　服务的高质量,意味着旅客的高满意度,所以提高服务质量的关键在于使旅客满意。由于不同的旅客对服务的要求不尽相同,因此必须针对旅客的不同需求采取相应的服务策略,提供针对性的服务,尽最大努力满足旅客的不同需求。

　　对于广大铁路客运服务人员来讲,提升自己的服务水平和质量,首先要加强爱岗敬业和职业道德教育,树立正确的人生观和价值观,形成讲奉献、比进取的良好氛围;其次要注重提高自己的服务意识,关注细节服务,掌握整个服务过程中旅客的需求;最后,要从服务形象、服务礼仪、服务姿态、服务用语等基础的技能培训着手,认识到服务意识是前提,服务技能是基础,不断改进服务工作、提升服务水平,树立铁路企业良好的窗口形象。

第一节　服务理念

一、服务理念的演变

　　市场经济是一种竞争性经济,交通运输客运企业之间竞争的焦点之一是服务。用什么样的服务理念指导服务活动,对于企业能否赢得竞争优势、把握经营的主动权十分关键。

　　所谓服务理念,指人们从事服务活动的主导思想意识,反映人们对服务活动的理性认识。

1. 单纯奉献型服务理念

(1) 卖方市场形成了单纯奉献型服务理念

　　在卖方市场,企业经营活动的着眼点是企业生产什么,就卖出什么,只要有了产品,就不愁卖不出去。这时,服务好坏对企业经营活动没有太大影响,企业不太重视服务工作。

(2) 单纯奉献型服务理念的特征

　　把服务问题归属于商业道德和精神文明的范畴,看成是企业对社会的一种无偿奉献,缺乏改善服务的内在经济动力。

(3) 经营特征

　　企业只言"义",不言"利",把抓服务当成政治任务,用运动式的检查、评比等办法硬性推动,这种片面认识和做法,显然不符合市场经济条件下办企业的规律,不能从根本上解决服务质量问题。

　　铁路企业长期处于卖方市场,服务工作的很多做法是在单纯奉献型服务理念的指导下进行的,这对于已经走向竞争市场的铁路企业来讲是很不利的。

2. 经济型服务理念

　　在买方市场,企业经营的着眼点是努力拓展销售渠道、扩大市场占有率、增加商品销售量。

　　这时,服务水平高低对企业销售活动和经济效益影响很大,而且越来越成为企业竞争力大小的一个重要标志。于是,很多企业开始把服务纳入到经营范畴,从提高企业经济效益的角度抓服务,千方百计发掘服务的经济价值。

近几年来,随着科学技术迅速发展,消费需求变化速度加快,产销矛盾和市场竞争加剧,顾客地位不断提高,以顾客为中心的市场营销观念开始形成。一方面企业源于经济动机,开始把有关生产、销售、广告、服务等都集中到"满足顾客需要"这一目标上来,整体推进企业的生产和营销活动。另一方面,很多企业开始认识到"服务是奉献与获取经济利益的统一"这一新的服务理念。其主要特征体现在如下几个方面:

(1) 视旅客为亲人

把旅客当亲人,在与旅客交往中,就不能单纯地把企业与旅客的关系视为"一手钱、一手货"的金钱交换关系,而应该看到企业与旅客之间还存在着相互支持、相互信赖、相互促进的非金钱关系。只有用高质量的情感服务接待每一位旅客,才能使旅客以更大的热情购买更多的商品来回报企业,企业与旅客的关系才能步入良性循环轨道。

在企业服务实践中,对旅客以亲友相待,应以微笑的面孔、百倍的热情欢迎每一位旅客的光临。在为旅客服务中,应该想旅客之所想,体察旅客心理,当好旅客参谋,解决好旅客的各种难题,努力创造高品位的消费环境,提供高品位的服务,使旅客融消费于文化享受之中。

(2) 旅客永远是对的

"旅客永远是对的"这种服务思想,其内涵显然不是从具体的一时一事角度界定的。因为旅客也是人,人非圣贤,孰能无过,旅客在接受服务过程中,也不可避免地会说错话、做错事,即旅客不可能永远是对的。

"旅客永远是对的"是把旅客作为一个整体来看待。这里所说的"旅客"也不是指单个具体的人,而是把旅客作为一个整体来看待的。企业为整体的旅客服务,不应该挑剔个别旅客的个别不当言行,更不能因为个别旅客的个别不当言行影响到企业对整体旅客的根本看法。

旅客永远是对的,是从服务者和被服务者的关系出发的。在企业为旅客服务过程中,企业是服务者,旅客是被服务者,服务者为被服务者提供服务,自然应该以被服务者的需要和意志为转移。

因此,在处理与旅客的矛盾时,要从旅客和多争取客源的角度考虑,不应该当面指责旅客,不给旅客难堪并巧妙地维护其自尊,同时也维护了企业的形象,巩固了旅客和企业的良好关系。当然,"旅客永远是对的"并非绝对,如果旅客违法、严重"越规"或蛮不讲理的,则另当别论。如某次列车硬座车厢严重超员,一位抱着孩子的青年女旅客硬挤进乘务室,坐在座位上,使该男列车员非常为难。因铁路明文规定:"乘务室不准有闲杂人员,严禁男女混坐",旅客要照顾,规章又必须遵守。在进退两难时,列车员应及时查阅"旅客去向登记表",查找到前方站下车的旅客,为旅客解决了座位,问题得到了圆满解决。

(3) 把旅客视为企业的主宰

企业把旅客作为企业的主宰,既是由企业的经济属性,即企业谋求更高盈利的原始经营动机决定的,也是由企业的社会性质决定的,是奉献与获取经济利益相统一的服务理念的具体体现。

视旅客为企业的主宰,应尊重旅客权利,把尊重旅客在接受服务时的安全权、知情权、选择权、公平权、被赔偿权、受尊重、监督权等作为自己的天职,认真履行应尽的义务。根据旅客的需要决定企业的经营方向,根据旅客的需要选择企业的经营战略,建立"旅客满意"的服务标准,并依标准增加服务投入,增设服务项目,改善服务措施,建立全面服务质量管理保障体系,使企业各部门都围绕"旅客满意"这个目标而开展工作,最终保证企业服务质量得以全面提高。

(4)强化现代服务理念,提升服务品位

理念支配人的行为,服务理念决定着企业的服务面貌。市场经济的发展,带来企业服务竞争的升级,迫切要求企业迅速更新理念,在现代服务理念支配下,把服务问题提高到战略高度来认识,在服务上不断追求高目标,提升服务品位,创造服务特色。

(5)正确处理好服务与经营的关系

改变人们认为"经营有效益是硬指标、服务没有效益是软指标"的片面认识,解决重经营、轻服务的片面做法,形成经营与服务互相促进、一体化发展的良性循环的运行机制。

二、"旅客至上"的服务理念

树立以旅客为中心的观念是从传统的商品为中心向新型的消费者为中心的转变,其主导思想是把企业的兴衰存亡置于消费者主宰之下,让消费者引导市场,成为市场的主人。

营销活动的本质在于"经营"消费者。从形式上看,企业的营销活动要同政府、社会打交道,同资源产品打交道,并主要同产品打交道。但从更深的层次看,决定产品价值及生命的是消费者,没有消费者的产品不是真正的产品,因而,如果脱离消费者,企业则成无源之水、无本之木,商品则不能实现"惊险的跳跃"。

旅客中心观念不是孤立的思想行为,它是多种观念相互作用的结果。这些观念主要是:旅客创造市场观念、旅客创造利润观念、旅客创造质量观念、旅客创造机遇观念和旅客创造形象观念。

1. 旅客创造市场观念

旅客是市场(市场 = 人口 + 购买力 + 购买欲望)的第一要素,旅客不仅决定了市场规模、市场类型,而且决定了市场命运、市场趋向。人们对交通工具的消费,刺激了汽车、火车等市场由低级向高级的发展;人们对服饰的消费,则刺激了纺织品市场及服装市场日益成熟。根据旅客的需求,及时培育市场是企业走向成功的重要一步。

2. 旅客创造利润观念

旅客是企业的"衣食父母",是企业利润的真正源泉:企业的利润来源于市场,而交通运输客运市场的直接体现者则是旅客。企业把旅客视为"上帝",是因为失去了旅客就失去了企业的根本利益。

一些明智的企业家便纷纷在"竞争旅客"上下功夫。铁路离不开旅客,旅客是我们服务的对象,旅客的到来,不是对我们的打扰,而是对我们的施恩。旅客的合理需求应该得到满足,只有热情周到地服务,使其满意,旅客才会继续光顾。

旅客有自己的好恶,铁路企业应真诚地体谅旅客、理解旅客,毕竟胡搅蛮缠的旅客是少数;当旅客对服务提出不满意时,我们应站在旅客的角度多检讨自己,挖掘不足,更好地为旅客服务。

3. 旅客创造质量观念

(1)旅客是产品质量的评判者、监督者。

(2)旅客是产品质量的创造者。企业内部职工对产品质量的保证作用是不可少的,但仅仅靠企业,其质量的保证既不能持久,又不能提高。旅客对质量的最终否定权,对产品质量的要求规定了理想模式,旅客标准等于质量标准,从而使旅客处于质量的主导地位。

4. 旅客创造机遇观念

市场是有机遇的,但创造机遇的不是别人,而是千千万万、形形色色的旅客。旅客所掀起的一次次消费热潮,在市场上形成了一次次机遇。能科学把握消费者行为的企业,掌握机遇的概率就必然高一些。

5. 旅客利益观念

为旅客利益着想是企业营销的出发点,使旅客满意,是企业营销的价值。服务的中心是旅客。服务行业有一句流传很久的话,就是"顾客永远是最重要的"。铁路旅客运输离不开运输工具、服务人员、更离不开旅客。旅客是我们服务活动的对象,他们应该受到尊重。因此,旅客是必须到场的,服务的中心理所当然是旅客,绝不是所谓的"领导"。

6. 优化服务观念

优化服务观念是以消费者为中心,顺应消费潮流,通过一切渠道与方式积极满足市场千差万别的要求。这一观念的意义在于:

(1)现代营销是消费者导向营销,想消费者之所想是企业营销的出发点。

(2)社会消费呈现出周期性、结构性、流行性的特点,企业要尽可能瞄准消费动向展开营销,满足消费者的关键在于在适当的时间、地点,以适当的手段方式,向旅客提供适当的服务。

7. 创造旅客观念

创造旅客观念是从企业生存和发展出发,全面分析消费者行为,通过一系列行之有效的促销活动,为本企业吸引众多的忠实旅客。这一观念的意义在于:

(1)决定企业命运与前途的外部环境是消费者,创造旅客是铁路客运企业一切工作的中心。

(2)旅客是可以创造的,问题的关键是找到创造旅客的科学方法和途径。

(3)消费者行为反映了消费者购买动向,企业营销要从分析消费者入手。因而,从现代营销观念方面说,凡是成功的企业家,一般都是创造旅客的高手。

称旅客是"上帝",是对旅客的尊重,主要是突出旅客在铁路客运企业中重要和特殊的地位。作为"上帝",无论什么种族、什么性质和性情的旅客,满足其服务要求是我们服务的第一任务。

因此,在实际工作中,按章办事也要做到有礼、有仪、有节,学会尊重旅客,一切为了旅客。

三、"人性化"的服务理念

旅客在旅行中的需求是客运企业提供服务的前提。客运需求具有丰富的内容和层次,按美国著名心理学家马斯洛的消费需求层次理论:每个人都有需要和欲望,随时等待和向往满足,只有未满足的需要才会形成引起行为的动机;人的需要是从低级到高级具有不同层次,只有当低一级的需要得到相对满足时,高一级的需要才会起主导作用,成为支配人行为的动机。需要强度由大到小,分为生理需要、安全需要、社会需要、尊重需要和自我实现需要等。根据这一理论,铁路客运企业必须加强对旅客消费需求的研究,并围绕旅客的需求做好铁路客运服务工作。

1. 客运消费需求的满足

消费者的年龄、收入水平、出行目的等不同,对客运产品的需求也不同。掌握消费者对客运服务的不同需求层次,是做好服务工作的前提。

(1) 基本需求的满足

基本需求主要指旅客在旅行过程中能满足其基本的生理需求,安全准时地到达目的地。如能提供座位、吃饭、喝水、上厕所等的方便。这些基本需求对所有的旅客均必须满足。客运服务的主要工作就是要解决旅客的基本需求问题,否则,更谈不上高层次的需求了。

(2) 不同层次需求的满足

在满足旅客的基本需求以后,服务的重点要满足不同层次旅客的高层次需求。如旅游专列,可重点介绍沿途的风景名胜、旅游的安全注意事项,提供食宿的一条龙服务;球迷专列,可组织球迷文化娱乐活动,丰富旅途生活;节假日列车可为旅客送节日礼品,开联欢晚会,为旅客过生日,为新婚青年开庆祝晚会等。通过这些活动,丰富旅客的旅行生活,使坐火车旅行成为一种享受,这些都是满足旅客高层次的需求。

(3) 满足旅客的特殊需求,提升服务品位

对特殊群体的旅客,要本着"人民铁路为人民"的宗旨,用爱心拓宽服务途径,满足这部分特殊旅客群体的特殊需求,为他们的旅行创造便利条件。

2. 围绕旅客需求推行人性化服务

近年来,随着经济的发展和社会文明的进步,旅客对出行的要求也越来越高,他们不仅要求走得了、更要求走得好,其应运而生的服务功能的内涵就表现在具有"人性化",广大旅客希望在出行过程中得到尊重,满足个性化的需求,享受到超值的服务。人性化的服务、人文关怀、人道主义等,为社会所包容,是社会发展的一个更高的境界,追求个性化,从亲情服务上展现人文关怀。

四、服务理念的"创新"

1. 推行无干扰服务

标准化服务是铁路的特色,"无干扰"服务是旅客的需要。为了保证旅客运输的服务质量,铁路长期执行的是标准化作业,列车服务人员严格按作业标准为旅客提供服务。随着铁路人性化服务的推出,"无干扰"服务的时机已经成熟。因此,铁路在新增的直达特快列车积极推行了"无干扰"服务。实行列车整备和乘务分开,除了不换票外,乘务员只在刚上车不久到房间为旅客沏茶、倒水、供餐……其他时间不到房间内服务,以免影响旅客休息。但每个卧铺包房内都有一个紧急呼叫按钮,旅客如果需要,只要轻按按钮就可以得到乘务员的上门服务。运行中乘务员只对环境卫生进行保持性的清理,推行悄声服务,禁止穿梭叫卖等影响旅客休息的行为。

很多列车推行的"四轻、三动"无干扰服务法。"四轻"即说话轻、走路轻、关门轻、动作轻;"三动"即旅客坐我勤动、旅客静我少动、旅客睡我轻动。有的列车乘务员穿软底鞋为旅客提供"无声"服务。旅客在安静的车厢充分享受舒适的旅行生活,收到了很好的效果。

2. 推行情感化服务

随着社会的发展,旅客的服务需求不断提升,铁路企业回报给旅客的服务也应不断提升,因此仅仅做好程序化、规范化服务工作已经远远不够,此外要以智能化、情感化服务给旅客们多营造一份舒适,这才是当今铁路客运服务的魅力所在。

3. 进行服务创新

"创新是民族进步的灵魂,是国家兴旺发达的不竭动力。"铁路客运企业实施和谐发展的重要目标之一就是实现服务创新,目前正在积极进行服务创新的探索。

4. 搞好"公益化"服务

铁路企业具有公益性的特点,承担了很多政府的职能,铁路在搞好运输生产经营的同时,还要做好公益性的工作,为创建节约型社会、和谐社会作出努力。

"人民铁路为人民"是中国铁路的光荣传统,是人民铁路的一贯宗旨。全体员工只有真心、热情、周到地为旅客服务,研究服务工作的策略,满足旅客的一切需求,铁路客运企业才能更好地走向市场,才会有更加美好的明天。

第二节 服务礼仪

一、礼仪的含义

(1)礼仪是一个复合词,由"礼"和"仪"两部分组成。"礼"在古文中写作"禮","示"表示神,"豊"本意是豆器上放的祭品。所以"礼"最初的含义是祭祀敬神,以求神灵降福。既然是祭祀敬神,态度必须尊敬虔诚,因此"礼"引申为表敬意。"仪"是指法度、标准。《国语·周》中有"度之於轨仪",这里的"仪"是指量器中的标准;《淮南子·修务》中说"设仪立度,可以为法则",这里的"仪"是指治理国家的法度。

(2)现代"礼仪"是指人们在相互交往中为表示相互尊敬和友好而约定俗成的、共同遵循的行为规范和交往程序。礼仪既可以指在较大、较正规场合隆重举行的各种仪式程序,也可以泛指人们在社交活动中的礼貌礼节。也就是说,礼仪是一种非强制性、但适用范围很广的行为规范的准则。它反映了如下3层意思:

①礼仪是约定俗成的行为规范;
②礼仪是人际交往中的礼节礼貌;
③礼仪包含一定场合下应有礼仪礼貌程序。

(3)礼仪是指社会人际关系中用于沟通思想、交流感情、表达心意、促进了解的一种形式,是人际交往中不可缺少的润滑剂和联系纽带。埃米莉·波斯特曾这样写道:"表面上礼仪有无数的清规戒律,但其根本目的却在于使世界成为一个充满生活乐趣的地方,使人变得平易近人"。搞好服务工作,服务人员礼仪的好坏直接影响到服务质量和服务品味。

二、礼仪的特点

1. 共同性

礼仪是在人类生活的基础上产生和形成的,是同一生活中全体成员调节相互关系的行为规范,所以它就逐渐成为生活中各民族、各阶级、各党派、各生活团体以及各阶层人士共同遵守的准则。

2. 继承性

礼仪规范将人们交往中的习惯、准则的形成固定并沿袭下来,它是人类长期共同生活中逐渐积累起来的,是人类精神文明的标志之一。新形势下的礼仪规范,是对以往人类文明准则中积极和进步因素的继承和发展,它表现为人们之间的平等、团结、友爱、互助的新型关系。

3. 统一性

礼仪不仅是人们交际过程中的外在形式,还必须用其内在的思想品德,文化的艺术修养作基础。只有两者有机地统一结合,才能对礼仪规范从必须遵守变为习惯遵守,从而形成良好的礼仪习惯。

4. 差异性

礼仪规范往往因时间、空间或对象的不同而有所不同,因此需要了解熟悉各个国家、各民族、各种场合、各种礼仪对象的异同点。

5. 阶级影响性

礼仪规范虽然不具有鲜明的阶级性,但它是适应一定时代需要而被保留下来的,因此它带有它那个时代的特点、受一定阶级利益影响和制约。

6. 时代发展性

礼仪规范不是一成不变的,它随着社会的发展而不断发展更新。一方面是社会自身的进步而使礼仪不断发展完善,礼仪随着时代、地域、对象的不同而变化;另一方面,随着对外交流范围的扩大,各国政治、经济、思想等因素的渗透,我国的礼仪在历史传统基础上被赋予了新的内容。

三、礼仪的原则

1. 尊重的原则

人际交往生活中必须尊重对方的人格尊严,只有尊重才是礼仪的情感基础,只有人与人之间彼此尊重,才能保持和谐愉快的人际关系。

2. 遵守的原则

礼仪规范是为了维护社会、生活保持稳定而形成和存在的;实际上是反映了人们共同利益的要求,社会上每个成员都应自觉遵守执行。如果违背了利益规范,必将受到社会舆论的谴责。

3. 适度原则

人际交往中要注意各种不同情况下的社交距离,也就是要把握与特定环境相适应的人们彼此之间的感情尺度。例如在人际交往中,既要彬彬有礼,又不能低三下四;既要热情大方,又不能轻浮阿谀。

4. 自律原则

通过社交礼仪学习的人们会在心中树立起一种内心的道德信念和行为准则,并以此来约束自己,而无须外界的监督。

四、礼仪的功能

1. 沟通功能

在人际交往中,每个人都自觉地执行礼仪规范,这样便易于人们之间的感情沟通,从而使人们之间的交往得到成功,进而有助于我们每个人的生活和工作。

2. 协调功能

对人际交往的调节是礼仪的重要功能之一,从某种程度上来说,礼仪是人际交往和谐发展的调节器。人们在交往中按照礼仪规范去做,有助于加强人们之间的相互尊敬、友好合作的新型关系,也可以缓解某些不必要的障碍。

3. 维护功能

礼仪是整个社会文明发展程度的标志,同时礼仪也反作用于社会,对社会的风尚产生影响,所以从某种意义上说,在维护社会秩序方面,礼仪起着法律所起不到的作用。

4. 教育功能

礼仪通过评价、劝阻、示范等教育形式纠正人们不正确的行为习惯,倡导人们按礼仪规范的要求处理人际关系;大家相互影响,互相促进,就会共同加强社会主义精神文明的建设。历史传统留下来的行为习惯,是社会的组成部分,对我们来说是一种处世之道,是外在的表现,更可以说我们每个人都生活在礼仪之中。

五、客运服务礼仪原则

1. 旅客至上的原则

随着市场经济的不断深入,面对运输市场的激烈竞争,铁路客运企业要战胜竞争对手,铁路客运服务必须树立"旅客至上"的理念,真正做到"以服务为宗旨,待旅客如亲人"。

世界著名"万豪"集团的创始人约翰·威拉德·马里奥特先生提出了"顾客永远是对的"这句箴言,改变了世界的服务理念,要正视现实、解放思想、转变观念,变"以我为主"为"以客为主",真正从内心深处把旅客当成我们的"衣食父母"。

2. 用心服务的原则

铁路窗口单位每天要接待数以万计的旅客,特别是春运、节假日等特殊时期,旅客出行的人数更多,要想在繁杂劳累的工作中保持良好的服务礼仪,就必须从内心去感受或体会礼仪服务的重要性和必要性,养成礼仪服务的职业习惯,做到服务发自内心。

用心服务还包括通过各种方式获知旅客需求信号,主动发现服务机会,并提供及时、恰当、满意的服务,以满足旅客的高期望值。

3. 持之以恒的原则

服务礼仪既然作为规范化服务的重要内容之一,就表明它不会自发形成,而是需要进行系统的岗位培训,规范岗位纪律和要求。为此,乘务服务人员要善于保持心理平衡,维系一种良好的服务心态,才能将职业要求逐步形成职业习惯,持之以恒;只有保持持之以恒的服务礼仪,才能从根本上形成良好的服务规范。

第三节 仪容举止和服务用语

一、仪容举止

仪容是指人的容貌。仪表是指人的外表,一般包括人的容貌、服饰和姿态等,是一个人的精神面貌和外观体现。一个人的仪容仪表往往与它的生活情调、思想修养、道德品质和文明程度密切相关。站车服务人员必须注意自身的仪容仪表,给旅客留下良好的服务形象。注重仪容仪表的重要性表现在如下几个方面:

(1)注重仪容仪表是客运服务人员的基本素质。

(2)客运服务人员的仪容仪表反映运输企业的管理水平和服务水平。

(3)注重仪容仪表是尊重旅客的需要。

(4)注重仪容仪表反映员工自重自爱。

(一)仪态

仪态是指人在行为中的姿态和风度。姿态是指人身体所呈现的样子;风度则属于气质方面的表露。对于广大服务人员而言,采用标准的站立姿势,特别重要。因为许多服务人员在自己的工作岗位上,往往就是站立服务的。

1. 站姿

站姿是生活静力造型的动作,优美而典雅的造型,是优雅举止的基础。正确的站姿如下所述:

(1)头正,双目平视,嘴唇微闭,下颌微收,面容平和自然。
(2)双肩放松,稍向下沉,人体有向上的感觉。
(3)躯干挺直,做到挺胸、收腹、立腰。
(4)双臂自然下垂于身体两侧,中指贴拢裤缝。
(5)双腿立直,并拢,脚跟相靠,两脚成60°。

为旅客服务时,头部可以微微侧向自己的服务对象,但一定要保持面部的微笑。手臂可以持物,也可以自然地下垂。在手臂垂放时,从肩部至中指应当呈现出一条自然的垂线。小腹不宜凸出,臀部同时应当紧缩。关键点:双脚一前一后站成"丁字步",即一只脚的后跟紧靠在另一只脚的内侧;双膝在靠拢的同时,两腿的膝部前后略为重叠。正确健美的站姿会给人以挺拔笔直、舒展俊美、庄重大方、精力充沛、信心十足、积极向上的印象。站立时不要过于随便,不要探脖、塌腰、耸肩、双腿弯曲或不停地颤抖;在庄重场合,双手不可放在衣兜里或插在腰间,这些站姿会给人留下不良印象。

2. 坐姿

坐是举止的主要内容之一,生活中无论是伏案学习、参加会议、会客交谈、娱乐休息都离不开坐。坐,作为一种举止,同样有美与丑、优雅与粗俗之分,正确的坐姿要求端正,舒展大方。正确的坐姿如下所述:

(1)入座时要轻要稳。走到座位前,转身后,轻稳地坐下。女子入座时,若是裙装,应用手将裙稍稍动一下,不要坐下后再站起来整理衣服。
(2)嘴唇微闭,下颌微收,面容平和自然。
(3)双肩平正放松,两臂自然弯曲放在腿上,亦可放在椅子或是沙发扶手上,掌心向下。
(4)坐在椅子上,要立腰、挺胸,上体自然挺直。
(5)双膝自然并拢,双腿正放或侧放,双腿并拢或交叠(男士坐时可略分开)。
(6)坐在椅子上,应至少坐满椅子的2/3,脊背轻靠椅背。
(7)离座时,要自然稳当,右脚向后收半步,而后站起。
(8)谈话时可以有所侧重,此时上体与腿同时转向一侧。

不良坐姿如下:

(1)坐时不可前倾后仰,或是歪歪扭扭。
(2)两腿不可过于叉开,也不可伸得过远。
(3)坐下后不应随意挪动椅子。
(4)不可以将大腿并拢,小腿分开,或双手放于臀下。
(5)腿脚不可不停地抖动。

3. 步态

步态属动态美,凡是协调稳健、轻松敏捷的步态都会给人以美感,可以表现出一个人朝

气蓬勃、积极向上的精神状态,会给人留下美好的印象。正确的步态如下所述:

(1)双目向前平视,微收下颌,面容平和自然。

(2)双肩平稳,双臂前后自然摆动,摆幅以30°~35°为宜,双肩不要过于僵硬。

(3)上身挺直,头正挺胸,收腹,立腰,重心稍前倾。

(4)注意步位。两只脚的内侧落地时正确的行走线是一条直线。

(5)步幅适当。一般应该是前脚的脚跟与后脚的脚尖相距为一脚长,但因性别不同和身高不同会有一定差异。

(6)跨出的步子应是全脚掌着地,膝和脚腕不可过于僵直。

(7)停步、拐弯、上下楼梯时,应从容不迫,控制自如。

不正确的步态如下:

(1)内八字和外八字;其次是弯腰驼背、歪肩晃膀。

(2)走路大甩手,扭腰摆臀,左顾右盼。

(3)双腿过于弯曲,走路不成直线。

(4)走路步子太大或太碎,上下颤动,脚蹭地面等。

在工作岗位上,服务人员应避免如下几种情况:

(1)横冲直撞。有的人在行进之时,不懂得要尽可能地避免在人群之中穿行,却偏偏乐于专拣人多的地方行走,甚至在人群之中乱冲乱撞,直接碰撞到他人的身体。这是一种极其失礼的做法。服务人员如果这样做,则更是不应该的。

(2)悍然抢行。懂得礼貌的人一定知道:每一个人在行进之时,都要注意方便和照顾其他的人。在人多路窄之处,通过时务必要讲究"先来后到"。必要的时候,为了表示自己的良好教养和对别人的尊重,还应当对于其他人"礼让三分",让道于人。

(3)阻挡道路。服务人员在大庭广众之前行进时,一定要顾及他人的存在。为此,不仅要选择适当的行进路线,与同时行进的其他人员保持一定的方位,而且还要保持一定的行进速度。服务人员还须切记,一旦发现自己阻挡了他人的道路,务必要闪身让开,请对方先行。

(4)奔来跑去。假定有急事要办的话,服务人员可以在行进之时努力加快自己的步伐。但若非碰上了紧急情况,则最好不要在工作之时进行跑动,尤其是不要当着服务对象的面,突如其来地狂奔而去。那样的做法,通常会令其他人不明真相,猜测不已,甚至还有可能使得他人产生过度的紧张情绪,或者由此而以讹传讹,引发出一场骚乱。

(5)制造噪声。为了使自己的行走无碍于他人,服务人员还应有意识地使之悄然无声。要做到这一点,必须注意:一是走路时要轻手轻脚,不要在落脚时过分用劲;二是上班时不要穿带有金属鞋跟或钉有金属鞋掌的鞋子,以防它们在接触地面时频频发出"嗒嗒嗒"的响声;三是上班时所穿的鞋子一定要跟脚,否则走动时它也会踢里踏拉地发出令人厌烦的噪声。

4. 手势

手臂是人们运用最多的一个身体部位。服务人员的手臂规范与否是自身素质的表现。

(1)正常垂放。正常垂放,在此特指服务人员站立服务时双手垂放的手势。它的具体做法是:双手指尖朝下,掌心向内,在手臂伸直后分别紧贴于两腿裤线之处;双手伸直后自然相交于小腹之处,掌心向内;一只手在上一只手在下地叠放在一起。女性服务员:双手伸直后自然相交于小腹之处,掌心向内,一只手在上一只手在下地相握在一起;双手伸直后自然相交于背后,掌心向外,两只手相握在一起。

(2)手持物品。服务人员在持物服务时,应稳妥、自然、到位。手持物品时,可根据其具体重量、形状以及易碎与否,采取不同的手势。既可以使用双手,也可以只用一只手。但是,最重要的是要确保物品的安全、尽量轻拿轻放,同时也要防止伤人或伤己。

手持物品时,服务人员可依据本人的能力与实际需要,酌情以拿、捏、提、握、抓、扛、夹等不同的姿势。不过一定要避免在持物时手势夸张、"小题大做",失之于自然美。有不少物品,在需要手持时,应当将手置于一定之处,这就是持物到位的含义。例如,箱子应当拎其提手,杯子应当握其杯耳。持物时手部未能到位,不但不方便,而且也很不好看。

(3)递接物品。

①双手为宜。有可能时,双手递物于人最佳。不方便双手并用时,也要采用右手。以左手递物,通常被视为失礼之举。

②递于手中。递给他人的物品,以直接交到对方手中为好。不到万不得已,最好不要将所递的物品放在别处。

③主动上前。若双方相距过远,递物者理当主动走近接物者。假如自己坐着的话,还应尽量在递物时起身站立为好。

④方便接物。服务人员在递物于人时,应为对方留出便于接取物品的地方,不要让其感到接物时无从下手。将带有文字的物品递交他人时,还须使之正面面对对方。

⑤尖、刃向内。将带尖、带刃或其他易于伤人的物品递于他人时,切勿以尖、刃直指对方。介于服务礼仪的做法,是应当使其朝向自己,或是朝向他处。

(4)招呼别人。要使用手掌,而不能仅用手指,要掌心向上,而不宜掌心向下。

(5)举手致意。举手致意时,应全身直立,面向对方,至少上身与头部要朝向对方。在目视对方的同时,须面带笑容。致意时应当手臂自下而上向侧上方伸出。手臂既可略有弯曲,亦可全部伸直。致意时须掌心向外,即面对对方,指尖朝向上方。

(6)与人握手。握手时,双方伸出手来的标准的先后顺序应为"尊者在先",即地位高者先伸手,地位低者后伸手。在工作之中,服务人员通常不宜主动伸手与服务对象相握。握手时,力量应当适中。用力过重与过轻,同样都是失礼的。与人握手时,一般握上3~5s即可。没有特殊的情况,不宜长时间握手。两个人在握手时稍触即罢,也未必正常。握手时,应首先走近对方,右手向侧下方伸出,双方互相握住对方的手掌大部。被握住的部分,应大体上包括自手指至虎口处。双方手部相握后,应目视对方双眼,将手上下晃动两三下。不要仅握对方的指尖,或在握手时左右乱摇。

5.神态

神态是指人通过面部形态变化所表达的内心思想感情。

(1)主要规则。服务人员在工作之中务必要使自己的表情神态于人恭敬,于己谦和。在工作之中,对待任何服务对象,皆应友好相待。所谓"笑迎八方来客,广交四海朋友",其实就是首先要求服务人员在服务之中要以友好的表情神态先行一步。从大的方面来看,人的表情神态可以是庄重、宽和,也可以是活泼、俏皮。有时,还可以表示不满、气愤或悲伤。不论采用何种表情神态,服务人员都要切记使之与现场的氛围和实际需要相符合。服务人员在服务于人时,既要使本人的表情神态谦恭、友好、适时,更要使之出自真心,发乎诚意。这样做的话,才会给人以表里如一、名副其实之感。千万不要在表情神态方面弄虚作假。须知要想在表情神态上做戏,只会是自欺欺人。

(2)眼神。注视的部位:

①对方的双眼。注视对方的双眼,既可表示自己对对方全神贯注,又可表示对对方所讲

的话正在洗耳恭听。问候对方、听取诉说、征求意见、强调要点、表示诚意、向人道贺或与人道别,皆应注视对方双眼。但是,时间上不宜过久,否则双方都会比较难堪。

②对方的面部。与服务对象较长时间交谈时,可以对方的整个面部为注视区域。注视他人的面部时,最好不要聚焦于一处,而以散点柔视为宜。

③对方的全身。同服务对象相距较远时,服务人员一般应当以对方的全身为注视之点。在站立服务时,往往会有此必要。

注视的角度:

①正视对方。正视,即是注视他人时,与之正面相向。同时还须将上身前部朝向对方。即使服务对象处于自己身体的一侧,在需要正视对方时,也要同时将面部与上身转向对方。正视别人,是做人的一种基本礼貌,主要表示着重视对方。

②平视对方。平视,即在注视他人时,身体与其处于相似的高度。平视与正视,一般并不矛盾。因为在正视他人时,往往要求同时平视对方。

③仰视对方。仰视,即在注视他人时,本人所处的具体位置较对方为低,而需要抬头向上仰望对方。反之,若自己注视他人时所处的具体位置较对方为高,而需要低下头看对方,则称为俯视。在仰视他人时,可给予对方重视信任之感,故此服务人员在必要时可以这么做。

(3)笑容。

服务人员在自己的工作岗位之上,满面笑容地服务于人,通常是一种基本的岗位规范。

服务人员在工作岗位之上,一般都应当满面笑容,意在为服务对象创造出一种令人备感轻松的氛围,使其在享受服务的整个过程中,感到愉快、欢乐和喜悦,同时也表现出服务人员对服务对象的重视与照顾。

(二)修饰

服务人员在修饰与维护本人的仪容时,重心应放在面部修饰、肢体修饰、发部修饰、化妆修饰4个方面。

1. 面部修饰

面部修饰时,服务人员所应当遵守的总的指导性规则,是要使之洁净、卫生、自然。服务人员在进行面部修饰时,所须加以特别重视的几个重要的局部问题。

(1)眉部的修饰。服务人员每天上班前在进行面部修饰时,要梳理一下自己的眉毛,令其顺序井然,而非东倒西歪,参差不齐。在洗脸、化妆以及其他可能的情况下,服务人员都要特别留意一下自己的眉部是否清洁。特别应当注意,要防止在自己的眉部出现诸如灰尘、死皮或是掉下来的眉毛等异物。

(2)眼部的修饰。服务人员要注意眼部的保洁,及时除去眼角的分泌物。佩戴眼镜时,要注意眼镜的选择。注意其款式是否适合本人,保持镜片的清洁。

(3)耳部的修饰。服务人员务必每天进行耳部的除垢,及时对露出的耳毛进行修剪。

(4)鼻部的修饰。服务人员切勿当众擤鼻涕、挖鼻孔;必要时,应在无人时进行,以手帕或纸巾进行辅助,要注意定期对鼻毛进行检查、修剪。

(5)口部的修饰。服务人员要注意保持口腔卫生,在工作岗位上,严禁食用气味过于刺鼻的食物。如:葱、蒜、韭菜、腐乳、虾酱、烈酒以及香烟。

男性服务人员,要坚持每天剃须,切忌胡子拉碴。

2. 肢体修饰

服务人员在修饰上肢与下肢时,应当遵守的礼仪规范包括两个方面。

（1）手臂的修饰。服务人员的手臂应保持清洁卫生，不要蓄长指甲（不宜长过指尖）。不准涂抹彩色指甲油，或者在指甲上进行艺术绘画。不应穿着肩部暴露的服装。

（2）腿脚的修饰。服务人员应勤洗脚、勤换袜子、勤换鞋；不要光腿、光脚，不允许穿露趾的凉鞋或拖鞋。

3. 发部修饰

服务人员应当定期修剪自己的头发，保持清洁，造型美观，保持黑色或自然棕色，前发不覆额。男性侧发不掩耳，后发不触领。女性头发不宜过短，长发不过肩，超长的头发应盘起、束起或编起，不可以披头散发。

（三）化妆

服务人员在服务工作中，一般都应进行适当的化妆，即"化妆上岗、淡妆上岗"。服务人员在上岗服务前进行个人化妆：一有助于表现服务人员的自尊自爱；二有助于表现服务人员的爱岗敬业精神；三有助于表现服务人员训练有素。

服务人员化妆应遵循淡雅、简洁、适度、庄重和避短的守则。

（1）淡雅。就是要求服务人员在工作时应当化淡妆。淡妆，即指淡雅的化妆，亦即人们平时所说的自然妆。

（2）简洁。服务人员的岗位化妆，应当是一种简妆，并非盛妆。

（3）适度。服务人员工作妆，必须适合自己本职工作的实际需要，而且一定要切记化妆的程度要适当。

（4）庄重。服务人员的化妆，应以庄重为主要特征。一些社会上正在流行的化妆方式，不宜为服务人员在上班时所采用。

（5）避短。服务人员在化妆时，要扬长避短，弥补自己的不足。

（四）着装

1. 女性客运服务人员

（1）基本要求。衣着合体，不得随意改变制服款式。制服应洗净，熨烫平整，无污渍、斑点、皱褶、脱线、缺扣、残破、毛边等现象。制服上下不得佩戴任何饰物；着制服当班时，必须佩戴职务标志。在非工作日时间，除集体活动外，不得穿制服出入公共场合和乘坐列车。

（2）夏装着装要求。连裤袜的颜色应统一为肉色或浅灰色，不得出现破洞和抽丝等现象。统一佩戴领花或丝巾。制服上装每天都须水洗。不得将笔插放在衣兜内。

（3）春秋装、冬装着装要求。外套、上衣、裙子、裤子的纽扣和拉链等应扣好、拉紧。统一佩戴领带、领花或丝巾；衬衣应束在裙子或裤子内，衬衣的衣袖不得卷起。裤装必须干净、平整、有裤线，不可有光亮感。穿着风衣、大衣时，须扣好纽扣，系好腰带。穿着外套、风衣、大衣时，必须戴工作帽（在车厢、室内、送餐时可不戴）。不得将笔插在衣服前襟。

（4）穿着围裙要求。餐饮服务人员服务时应穿着围裙。穿着围裙的时间为服务餐饮之前；脱围裙的时间为收完食品包装物后。穿、脱围裙的时间必须一致。保证围裙干净、平整、整齐，穿戴完毕后应互相整理。围裙结一律系蝴蝶结状。

（5）佩戴职务标志要求。职务标志应别于左胸上方，与上衣第二颗纽扣平行。佩戴臂章时，臂章上缘应当于左袖肩下四指处。穿着围裙时，不可将职务标志佩戴在围裙上。

2. 男性客运服务人员

（1）基本要求。衣着合体，不得随意改变制服款式。制服应洗净，熨烫平整，无污渍、斑点、皱褶、脱线、缺扣、残破、毛边等现象。制服上不得佩戴任何饰物；着制服当班时，必须佩戴职务标志。袜子的颜色应统一为深蓝色或黑色。在非工作时间,除集体活动外,不得穿制服出入公共场合和乘坐列车。

(2)夏装着装要求。统一佩戴领带,衣领上的扣环必须扣好,上衣应束于裤内。裤子必须保持干净、平整、有裤线、不可有光亮感。制服每天必须清洗。

(3)春秋装、冬装着装要求。袜子的颜色应统一为黑色或深蓝色,每天更换。外套、上衣、裤子的纽扣拉链等应扣好、拉紧。统一佩戴领带,衬衣应束于裤内,衬衣的衣袖不得卷起。穿着风衣、大衣时,须扣好纽扣,系好腰带。穿着外套、风衣、大衣时,必须戴工作帽。但在车厢、室内时可不戴。

(4)佩戴职务标志要求。胸牌应端正别于左胸上方,与上衣第二颗纽扣平行。佩戴臂章时,臂章上缘应当于左袖肩下四指处。列车长臂章应端正别挂在规定位置,不可用松紧带套于臂上。

二、服务用语

(一)问候用语

通常适用于服务人员的问候用语,主要分为两种。

(1)标准式问候用语。在问好之前,加上适当的人称代词,或者其他尊称。例如,"你好!""您好!""各位好""先生好"等。

(2)时效式问候用语。在问好、问安之前加上具体的时间,或者在两者之前加上尊称。例如,"早上好!""各位下午好!""小姐早安!"等。

(二)迎送用语

(1)欢迎用语,又叫迎客语。常用的欢迎用语如"欢迎光临!""欢迎您的到来!""见到您很高兴!"等。

在使用欢迎用语时,通常应当一并使用问候语,并且必要时还需同时向对方主动施以见面礼。如注目、点头、微笑、鞠躬、握手等。

(2)送别用语,又叫告别用语。常用的送别用语如"再见!""慢走!""走好!""欢迎再来!""一路平安!"等。

送别用语一定不要忘记使用,千万不要在对方离去时默不作声。

(三)感谢语

(1)标准式致谢语。如"谢谢!"

(2)加强式致谢语。有时,为了强化感谢之意,可在标准式致谢用语之前,加上某些副词。最常用的加强式致谢用语有"十分感谢!""非常感谢!""多谢!"等。

(3)具体式的致谢语。一般是因为某一具体事宜而向人致谢。在致谢时,致谢的原因通常一并提及。例如,"有劳您了!""让您替我们费心了!""上次给您添了不少麻烦!"等。

(四)请托用语

请托用语,通常指的主要是请求他人帮助时,使用的专项用语。

(1)标准式请托用语。主要就是一个"请"字。如"请稍候!""请让一下"等。

(2)求助式请托用语。最常用的是"劳驾"、"拜托"、"打扰"、"借光"等。它们往往是在向他人提出某一具体的要求时,如请人让路、请人帮忙、打断别人的交谈,才被使用。

(3)组合请托用语。前两者混合在一起使用。"请你帮我一个忙!""劳驾您替我扶一下东西!"等。

(五)征询用语

在服务过程中,服务人员需要以礼貌的语言向服务对象进行征询。在进行征询时唯有使用必要的礼貌语言才会取得良好的反馈。主要征询用语有"需要帮忙吗?""您有什么事情吗?""我能为您做点儿什么?"等。

(六)应答用语

应答语,在此特指服务人员在工作岗位上服务于人时,用来回应服务对象的招呼,或者在答复其他询问时,所使用的专门用语。

(1)肯定式应答用语。它主要用来答复服务对象的请求。例如,"好的。""好的,我明白您的意思。""很高兴能为您服务。"等。

(2)谦恭式应答用语。当服务对象对于被提供的服务表示满意,或者是直接对服务人员进行口头表扬、感谢时,一般宜用此类应答语进行应答,主要有"请不必客气!""这是我们应当做的!""请多指教!""您过奖了!"

(3)谅解式应答用语。在服务对象因故向自己致以歉意时,应及时予以接受,并表示必要的谅解。如"不要紧。""没有关系。"等。

(七)赞赏用语

赞赏用语,主要适用于人际交往之中称道或者肯定他人之时。及时而恰当的赞赏,不但可以激励别人,也可以促进和改善双方之间的人际关系。

(1)评价式赞赏用语。它主要用于服务人员对服务对象的所作所为,在适当之时予以评说和赞美之用。如"太好了!""真不错!""对极了!""太合适了!""非常出色!"等。

(2)认可式评价用语。当服务对象发表某些见解之后,往往需要由服务人员对其是非直接作出评价。在对方的见解的确正确时,一般应对其作出认可。如"还是您懂行。""看来您一定是一位内行。""真是您说的那么回事。""没错,没错。"等。

(3)回应旅客赞赏后的用语。主要适用于服务对象夸奖服务人员之后,由后者回应对方之用。"哪里,哪里,我做得还很不够。""我做得不像您说的那么好。""承蒙夸奖,真是不敢当,不过能得到您的肯定,的确让我开心。"等。

(八)道歉用语

在工作中,因种种原因而带给他人不便,或妨碍、打扰对方时,服务人员必须及时地向对方表达自己的歉意。最常用的道歉用语如"抱歉""对不起!""请原谅""失礼了!""不好意思了""很是惭愧!"等。

(九)售票服务用语

最常用的问询服务用语如"请问要买车票吗?""请问到哪里?""您要下铺吗?""您要乘坐的列车有餐厅和空调。""请付85元。""这是您的车票和找您的钱。""请您核对一下票和零钱。""这是您的净退款46元。""对不起,没有今天的票了,明天的行吗?""请稍等,我用电脑查一下卧铺记录。"等。

(十)问询服务用语

面对旅客的询问,应双眼正视旅客全神贯注地倾听,注意不要随便打断对方的问话,要让对方把话讲完。最常用的问询服务用语如"您需要帮助吗?""您好,请讲。""先生(女士),您有什么事需要我帮忙吗?""对不起,请您再说一遍,好吗""不用谢,这是我应该做的。"等。

(十一)候车室服务用语

最常用的问询服务用语如"(给旅客让路)您好,您先请。""(旅客身体不适)请问您哪里不舒服,我立即通知工作人员。""(旅客问讯后、致谢)不客气,很高兴为您服务。""(旅客对卫生提出疑问)对不起,我马上通知工作人员,谢谢您的提醒。""(禁烟宣传)对不起,先生,请您到xxx处吸烟,那里设有吸烟处,吸烟后请将烟蒂放入烟灰缸,谢谢您的合作。""(对带小孩的旅客)对不起,请问这是您带的小孩吗?为了安全,请您看好孩子,以免发生意外,谢谢您的合作。""(卫生间周围的旅客)先生,对不起,为了您的安全,请不要将手扶在门缝处。""(安全提示)您好!您沏水时请不要过满,以免烫伤您。""(应急)您好!您有什么事情,我能帮您解决吗?""(列车晚点)对不起,由于线路故障,铁路部门正在积极抢修,我给您倒杯水,您别着急。"等。

(十二)站台服务用语

在站台组织旅客乘降工作时,应保持高度警惕性,加强站台巡视,确保旅客安全。讲话时应态度和蔼,表达得体准确,音量适中,使站台旅客听清楚为宜。最常用的问询服务用语如"请大家站在站台安全线以内,注意安全。""请带小孩的旅客看管好自己的小孩,不要在站台上追逐嬉闹。""请大家按车厢位置排好队,先下后上,不要着急。""请您按车票上指定的车厢位置上车。""请大家拿好随身携带的行李,注意不要碰伤他人。""(在站台上)女士们,先生们:开车铃响了,请大家上车,列车马上就要开车了。"等。

(十三)出站检验票服务用语

检票时,应着装整洁、精神饱满地站在岗位上,向旅客微笑致意。最常用的问询服务用语如"请您出示车票。""请您按顺序排好队,一个一个来。""请不要着急。"等。

发现旅客需要补票时,应声音平和、语气委婉地告诉他到补票处去补票。最常用的问询服务用语如"先生,您看,您的包都超20kg了,应该补收运费。"如果没有超重,应及时向旅客道歉"对不起,给您添麻烦了,有人接您吗?我可以帮您叫一辆出租车。""请您到补票处补票。""请出示您的证件。""小朋友,叔叔(阿姨)领你去量一下身高好吗?""您看,您的小孩才×岁就长这么高了,该买大人票了。"等。

(十四)迎接旅客服务用语

迎接旅客时,乘务员应面带微笑主动向旅客点头问好。最常用的迎接旅客服务用语如"您好,欢迎乘坐我们的列车。""请出示您的车票,请大家排好队,不要拥挤,把车票拿在手上。"等。

(十五)整理行李服务用语

整理行李时应带好垫布,挪动旅客行李时,应事先征求旅客同意。最常用的整理行李服务用语如"旅客们,为了给大家创造一个安全舒适的旅行环境,现在开始车内整容,请予协助。谢谢!""请问这是谁的行李,可以放到座位下面吗?""(麻烦往旁边挪一挪)谢谢!""这是谁的包,请放到行李架上(座位下面)。""衣帽钩是挂衣服和帽子的,谢谢!"等。

(十六)清扫卫生服务用语

清扫时,不得将清扫工具接触旅客、物品,移动旅客物品时,应事先征求旅客同意,并对旅客的配合表示谢意。最常用的清扫服务用语如"请您抬抬脚,谢谢!""谢谢您的配合。"等。

(十七)查验车票服务用语

查验车票最常用的服务用语如"旅客们,现在查验车票啦!请您把车票准备好,谢谢。"

"请出示您的车票。""请收好您的车票,谢谢!"对吸烟旅客婉言制止时最常用的服务用语如"请不要在车厢里吸烟。""这是无烟车厢,请您到通过台吸烟。""请您协助我们保持车内卫生。"等。

(十八)迎客服务用语

迎接旅客时乘务员应面带微笑主动向旅客点头问好:"您好,欢迎乘坐我们的列车。"不能满足旅客需要时:"非常抱歉,我们这里没有。"当旅客向你致谢时:"不客气,很高兴为您服务。"当旅客征求你的帮助时:"当然可以,让我来帮助您。"

(十九)自我介绍服务用语

各位旅客,您乘坐的这节车厢是××号车厢。我是本车厢的列车员,我的胸章号码是××号。我对班号码是××号,我俩将陪同您度过旅行生活。大家在旅行中有什么困难和要求,请提出来,我们将尽力帮助解决,为了广泛征求旅客们的意见,车厢两端挂有旅客意见簿,您看到我们的工作有哪些不足之处,请批评指正,以便改进工作,更好地为您服务。预祝大家旅行愉快,身体健康!

(二十)巡视车厢服务用语

当不能答应旅客的要求时:"很抱歉,这是违反规定的,我们不能这样做。"接受投诉或批评时:"感谢您对我们工作的支持,请接受我们的歉意。"(我马上去查清情况,给您一个满意的答复)由于旅客的原因而其面露不好意思时:"别着急,慢慢来,我来帮助您。"旅客吸烟时:"对不起,先生(女士)动车组列车是无烟列车,请您不要吸烟。"旅客按了呼唤铃,乘务员应立即到车厢询问旅客:"请问您需要什么吗?"然后灭掉呼唤铃。禁止出现乘务员直接按灭呼唤铃,不询问旅客需要什么帮助,或直接质问旅客"有事吗?"、"按错了吧?"等不礼貌的行为或语言出现。

以上就是在服务工作中,常用的礼貌用语。在服务过程中,恰到好处地使用礼貌用语,可表现出本人的亲切、友好、和蔼与善意,还能够传递对交往对象尊重,敬佩的信息,因此将有助于相互产生好感,增进友谊;或互相达成谅解。

第四节 服务英语

一、广播通告

1. 开车前 5min 通告

Ladies and gentlemen: Welcome to take the No. ×× train from ×× to ××. Please take your seats according to the number on the ticket, and take good care of the belongings with you. The train is leaving. Wish you a happy journey.

女士们、先生们:欢迎您乘坐由××开往××方向的××次列车。请您对号入座,妥善保管随身物品。列车就要开车了,祝您旅途愉快。

2. 始发后通告

Ladies and gentlemen: Welcome to take this train, we will stop at following stations: ×× station, ×× station... For safety reasons, No smoking is allowed in any of multiple units during the whole course, and it's strictly prohibited to take any dangerous articles on this train. Thanks for your cooperation.

女士们、先生们:欢迎您乘坐本次列车,列车途中停站有:××站××站……为确保您的安全,动车组列车实行全程禁烟,严禁携带危险品乘车。谢谢您的合作。

3. 中途站开车后通告

Ladies and gentlemen: the next stop is ×× station.

女士们、先生们:列车前方停车站是××站。

4. 中途站到站前通告

Ladies and gentlemen: the next stop is ×× station, please be ready to get off.

女士们、先生们:列车前方停车站是××站,请您提前做好下车准备。

5. 终到站通告

Ladies and gentlemen: the train has arrived at ×× Station. Thank you for taking our train. Hope to see you again.

女士们、先生们:列车已经到达××站,感谢您乘坐动车组列车,再见。

6. 用餐宣传广播

Ladies and gentlemen: it is the time for meal now. This train will provide with nutritious food, made by Shuangrui catering Company of Shenyang Railway Bureau, the main designated fast food supplier of the Twelfth PRC National Games. All the food is processed in the central kitchen would one hundred thousand grade purification. Please come to the restaurant carriage in the middle of the train for meals, or dial 024 – 95105688 and we will send you the meals as required.

女士们、先生们:现在是就餐时间,本次列车为您供餐的是全国第十二届运动会主要指定快餐供应商——沈铁双瑞餐饮公司的营养套餐,套餐全部由十万级净化的中央厨房加工而成,欢迎您到列车中部餐吧车用餐或在座位上拨打024-95105688,我们会按照您的需求,将套餐送到座位上。

二、引导座位

A:Good evening, sir, can you tell me where is my seat? I can't find it.

晚上好,先生,麻烦你告诉我,我的座位在哪里?我找不到。

B:OK. Show me your ticket, please.

好的,请让我看看您的车票。

A:Sure. Here you are.

好的。给您。

B:Oh, your seat number is 8C. It's in the middle of this carriage. Follow me, please.

您的座位号是8C,在车厢的中间。请跟我来。

A:OK. Thank you.

好的,谢谢。

B:Here it is.

这是您的座位。

A:Thanks! By the way, can I change seats with my neighbor? One of my friends is nearby. I hope he can sit by my side for a chit – chat.

谢谢!顺便问一下,我可以跟邻座换一下座位吗?我的一个朋友就在附近,我想让他坐在我的旁边一起聊天。

B：It's a good idea. But I have to ask your neighbor whether he could accept your request.

这主意不错,但我要问问您的邻座,看他是否接受您的要求。

A：That's very thoughtful of you.

你想得真周到。

B：(After a while) Your neighbor is kind enough to accept your request.

(过了一会儿)您的邻座是个大好人,他同意了。

A：Thank you very much.

非常感谢。

B：Not at all.

不用客气。

三、车厢服务

1. 安全宣传

A：Excuse me, madam. Can I smoke here?

打扰一下,女士。我可以在这儿抽烟吗?

B：Sorry, you can't. Smoking is not allowed on the train.

抱歉,不行。列车上不许吸烟。

A：But I can smoke in a restricted area between compartments in an ordinary train.

但在普通的列车车厢连接处,我却可以抽烟。

B：You are right. But this is a high-speed train. Smoking is prohibited in any section of the train. There are devices on this high-speed train. They are sensitive enough to detect any tiny amount of smoke. Once the alarm goes off, the train stops automatically in that case, we will face long delays en route.

您说得没错。但这是高铁列车。高铁列车是全车禁烟的。车厢装有探测仪器,这些烟雾探测器非常灵敏,一点点烟雾都可以引起报警。一旦警报拉响,列车立刻自动刹车。这样一来,路上就要耽误不少时间。

A：I see. I have to play the waiting game. Thank you for your explanation.

我明白了。我得耐着性子,等下了车再说。谢谢您的指教。

B：My pleasure.

愿意为您效劳。

2. 车内服务

A：Good evening, sir. This small table is a little dirty. May I tidy it up?

晚上好,先生。这张小桌子有点脏,我能把它整理一下吗?

B：OK. Thank you.

好的,谢谢。

A：Not at all. Here is a plastic trash bag. You can put fruit peel, eggshells and sunflower seed shells into it.

不用客气。给您一只塑料垃圾袋,您可以把水果皮、蛋壳和葵花籽壳倒在里面。

B：I see. Where can I get water to drink?

我明白了。请问在哪里可以倒水喝?

A:It's at the end of this car. The water-storage electric heater is over there.

在车厢的顶头。储水式电热水器就安置在那边。

B:Thank you. By the way, can I buy any tea on the train?

谢谢！顺便问一下，列车上有茶叶卖吗？

A:Yes, once in a while, a train attendant pushes a handcart with light refreshments back and forth in the corridor.

有的。服务员有时推着装满饮料和零食的小推车，在车厢走廊来回走动。

B:That's great. Thanks again.

太好了。谢谢了。

A:You are welcome.

不用客气。

3. 行李引导

A:Excuse me, whose handbag is this?

打扰一下，请问这是谁的手提包？

B:It's mine. What's the matter?

是我的，怎么啦？

A:I'm afraid it's not safe to hang it on the hook by the window. Besides, the hook is for caps, coats, towels and so on.

我觉得放在窗边的挂钩上不安全。再说，挂钩是用来挂帽子、外套、毛巾之类的物品的。

B:Thank you for your advice.

谢谢您的建议。

A:(To another passenger)Excuse me, sir. Whose suitcase is this?

(对另一位乘客)打扰一下，先生。请问这是谁的旅行箱？

B:It's mine. What's the matter? Do you want to open it for security check?

是我的。有什么问题吗？您是要我把它打开做安检吗？

A:No, You misunderstood. It might fall down from the luggage rack at any time. It is a hidden danger. I suggest you take it down and put it under your seat.

不，您误会了。我的意思是那个箱子太大，搁在那里不合适。它随时可能从行李架上滑落下来，构成安全隐患。我建议您把它取下来，放在您的座位底下。

B:Thank you very much. You are so considerate.

非常感谢！您考虑得真周到。

A:Don't mention it. You're welcome. Let me help you.

不必客气。行了，让我来帮你一把。

B:No, thanks. I can do it.

不用了，谢谢。我一个人能行。

四、餐车服务

1. 点餐服务

A:Good morning, sir. What can I do for you?

您好，先生。您想吃点什么？

B:I'd like to have lunch here.

我想吃午饭。

A:How many people, please?

请问一共有几位?

B:Four.

四个人。

A:This way, please.

请走这边,我带您过去。

B:Thank you.

谢谢。

A:Not at all. Here you are. Take a seat, please.

不用客气。这儿就是。请坐。

B:Have to wait for a long time?

要等很久吗?

A:No. I'll bring it over right away.

不用太久。我马上拿来。

B:Can you tell me what you serve for lunch?

请问你们中午有什么套餐?

A:We serve almost ten kinds of meals. Here is the menu. Which one do you prefer?

我们供应的套餐大约有十种。这儿是套餐的简介。请问你们喜欢哪一种?

B:We are from Sichuan. So hot food is agreeable.

我们是四川人。辣味菜符合我们的口味。

A:I see. May I have your order now?

我明白了。现在选好了吗?

B:Fried meat with green pepper, four meals.

青椒炒肉套餐,四份。

A:OK. Would you like something to drink?

好的。想喝点什么吗?

B:Two bottles of beer.

两瓶啤酒。

A:Wait for a moment, please. You'll be served soon.

请稍候。一会儿就端上来了。

2. 早餐服务

A:Good morning, can I help you?

早上好,您想要点什么?

B:Can I have breakfast now?

现在可以吃早餐吗?

A:Yes, of course.

当然可以。

B:Fifty – five Yuan.

55 元。

A:I'm afraid there is a mistake here.

我觉得计算有点问题。

B:Let me check. (A few minutes later)Sorry, it's should be Forty – five Yuan.

让我再核实一下。(过了一会儿)对不起,您的收费应该是45元。

A:Do you accept checks?

你们收支票吗?

B:Sorry, we don't.

对不起,我们这儿不收。

A:That's all right. Here is a 100 – Yuan bill.

没关系。给你100元。

B:Here is the change. See you next time.

找您零钱。欢迎下次光临。

A:Thank you.

谢谢。

五、情境服务

1.方位引导

A:Excuse me, sir. Where is the washroom?

打扰一下,乘务员。请问洗手间在哪里?

B:There is a washroom at the end of the carriage. But I'm sorry to say you can't use it now.

洗手间在每节车厢的顶端。但很抱歉,您现在不能用。

A:Why?

为什么呢?

B:Because the washroom is locked up when it is out of order.

因为出了故障洗手间被暂时锁闭。

A:I see. When can I use it?

我明白了。那什么时候才能使用呢?

B:It is available after it has been repaired. Just wait for a little while or you can go to another washroom.

修好后就可以使用了。请稍等。要不您去别的洗手间。

A:Thank you.

谢谢。

2.晚点解答

A:Excuse me, when will the train arrive at the temial?

打扰一下,请问火车什么时候到达终点站?

B:It is due to arrive at six o'clock in the evening.

预计在傍晚6点。

A:But that's not the way I see it. I must say there is little hope(of that)now.

我不这样看。我得承认现在这样的希望变得很渺茫了。

B:There is reason in what you say. Due to technical incidents, the train has been delayed for 20 minutes. Please don't worry,everything will be fine, furthermore, they are organizing to speed up.

您讲得很有道理。由于技术故障,火车已经延误了20分钟。但不要为此灰心丧气。一切都会好起来,再说他们正在组织加快运营。

A:Wonderful!

棒极了!

B:Let's hope for the best and prepare for the worst.

让我们做最好的打算,做最坏的准备。

A:Good point.

说得好。

第五节 服务工作的技能技巧

车站和列车服务工作,应最大限度满足旅客在旅行中物质和文化生活等方面的需要,要树立全心全意为人民服务的思想,坚持全面服务,重点照顾的原则。要以"人民铁路为人民"的宗旨,做到"三要"、"四心"、"五主动"的优质服务,使人民放心,使人民满意。

"三要"是指对旅客要文明礼貌,纠正违章态度要和蔼,处理问题要实事求是。

"四心"是指接待旅客热心,解答问题耐心,工作认真细心,接受意见虚心。

"五主动"是指主动迎送旅客,主动扶老携幼,主动解决旅客困难,主动介绍旅行常识,主动征求旅客意见。

一、车站服务技能技巧

车站服务技能技巧包括在车站各个服务环节的技能技巧,下面着重介绍车站在售票、问讯、"三品"检查、候车、出站、行包等服务环节基本的服务技能技巧。

(一)售票服务技能技巧

(1)售票员应勤练电脑操作技巧和掌握过硬的业务知识。售票时应用亲切、轻柔的声音向旅客问好,同时准确地为旅客售票。如遇售票高峰时,应用简练的语言配合熟练的电脑操作,快捷而准确地售票,以减少旅客排队等候时间。

(2)售票时,应做到热情周到。对问话啰唆、耽搁时间的旅客,不要表现出厌恶情绪。如果心情不好时,来一句"你烦不烦?上问讯处问清再来!到底买不买?不买别碍事!"或者干脆一句"没有了!卖完了!不知道!",把旅客打发走了事,会给旅客留下极坏的印象,甚至发生口角。

(3)如果旅客听不清你的讲话,应加大一点音量,稍加解释。当你不太明白旅客的话时,可以把纸笔递给他,让他把站名写在上面,以免误售、误购。

(4)客流量较大、票额紧张、某车次车票已售完时,可以向旅客推荐其他车次,如"对不起,××车次已售完,但去北京方向的还有××车次,时间都差不多,您考虑考虑"。如果条件允许的话,可把旅客联系方式留下来,有票时再通知旅客。

(5)注意增加售票延伸服务。如"送票上门"服务;对用票量较大的单位,可采取"定送票协议"服务;偏远地区设"代办点"服务;充分发挥电脑联网售票优势,在市区内设联网售票点服务;也可推出"送票上门、专车接站、送客到家"等一条龙服务。

【模拟训练4-1】 售票作业

一旅客在排长队后到窗口买票,可是由于票额紧张,他没能买到卧铺票,买到的是无座票,结果该旅客在售票大厅谩骂售票员,无理取闹,售票员该如何处理?

训练提示:

售票员视旅客情绪,可耐心解释或更换其他车次或退票,观察旅客反应,再做进一步处理。

如果遇到明显无理取闹的旅客,可以进行合理解释后表示抱歉和理解,给对方发泄不满的时间。对严重扰乱工作秩序的人员应请求公安人员协助处理。

处理时语言应少而精,不宜多说,宜多听,但不宜微笑。

【模拟训练4-2】 售票作业

两名同学参加模拟售票作业,一位同学(旅客)要求买北京到锦州的票,结果同学(售票员)给他的是北京到金州的车票,旅客与售票员发生争执,售票员该如何处理?

训练提示:

①售票员遇到容易混淆的车站名时应同旅客强调,确认好站名再售票。

②遇到口音重、发音分辨不清的旅客,可提供纸笔让其手写站名,方便正确售票。

③遇到焦急、脾气暴躁的旅客,应先安抚其情绪,发生误售车票,马上收回原票,换发新票。

(二)问讯服务技能技巧

1. 一般问讯服务技能技巧

(1)当旅客来到你面前,你应面带微笑地正视他,并彬彬有礼地问上一句"您需要帮助吗"?这样,很快就会消除旅客的焦虑和不安的情绪,双方间可在融洽的氛围中交流。

(2)当旅客向你询问时,应热情回答他的提问。在路上遇到有人问讯时,应停下脚步主动关切地问他"先生(女士),您有什么事需要我帮忙吗?"以示你的诚恳和亲切。

(3)解答旅客问讯,不知道的事或拿不准的事不要信口开河,敷衍应付旅客。应把旅客带到问讯处或和有关岗位去咨询,直到旅客满意为止,力求做到问讯工作的善始善终。

(4)当旅客向你问路时,如果你知道他所问的地方,应清楚详细地告诉对方怎么走,必要时可以画一张路线图;若不知道,可以说"对不起,先生(女士),您说的这个地方我也不太清楚,不过您可以到车站问讯处,让那儿的工作人员帮您查一下地图,好吗?"这时,你应马上带他到问讯处,或清楚地指示他怎么走才能到问讯处。

(5)在问讯服务中,应尽量做到百问不厌、百问不倒。应积累丰富的知识,包括熟练掌握本岗位业务基础知识,多总结、积累、了解其他相关岗位业务知识。对交通、旅游、购物、餐饮、住宿、医疗等相关延伸知识也应多收集、了解,这样才能避免在旅客面前尴尬,急旅客之所急。

2. 问讯处服务技能技巧

(1)问讯处是旅客求助的中心,应为旅客提供整洁明亮的问询环境和设施先进的问讯设备。设备尽量采取"开放式",让旅客与服务人员面对面进行微机和联网查询,有条件车站还应安装触摸式电子查询设备,以供旅客查询。另外,还应提供丰富的问讯资料供旅客翻阅。

(2)面对旅客的询问,应双眼正视旅客全神贯注地倾听,注意不要随便打断对方的问话,要让对方把话讲完。需要插话时,应当在对方讲话告一段落再进行。不要直接否定对方的讲话,更不要"抬杠"。如果没有听清旅客的问话时应说"对不起,请您再说一遍,好吗?"

(3)回答询问时要站立端正,使用普通话,声音大小适中,语气要温和、耐心、愉快、准确地回答。同时,应注意对旅客一视同仁,不以貌取人,以丰富的业务知识,用自己的热情、真诚来赢得每位旅客的信任。当旅客向你表示感谢时,应微笑谦逊地回答"不用谢,这是我应该做的。"

(4)如果有众多旅客询问时,要从容不迫地一一作答,不能只顾一位,冷落了其他人。凡是答应旅客随后再作答复的事,一定要守信用,适时作出答复。

"'问不倒'是努力的方向,'问不恼'是职责标准",大连站问讯处吕玉霜对问讯工作给出了很好的回答。

【模拟训练4-3】 问讯处服务

如表4-1所示,一旅客在沈阳北车站问讯处咨询,在上午10:00左右有无到北京的列车,几点从沈阳北站出发?几点到北京站?

列车时刻表　　　　　　　　　　　　　　　　　表4-1

车次	始发站	终到站	列车类型	发站	发时	到站	到时	站台	历时	硬座	软座	硬卧上/中/下	硬卧上/下
K1302	满洲里	北京	空调快速	沈阳北	09:48	北京	21:18	5	11:30	112	—	194/200/208	301/315
D28	哈尔滨西	北京	空调动车	沈阳北	10:03	北京	14:51	4	04:48	206	247	—	—

训练提示:

①问讯处服务人员应熟记该车站始发、到达、中转的各次列车的时刻表。

②正确、迅速、主动、热情、耐心地解答旅客提出的问题,使旅客在购票、托运和提取行李、上车及中转换车等方面得到便利。

③解答旅客问讯方法可分为口头解答(包括电话问讯、广播通知、电视问讯)和文字解答(包括文字张贴、揭示牌揭示)。

④口头解答问讯时要做到"有问必答、答必正确、百问不厌",让旅客满意。

【模拟训练4-4】 问讯处服务

一家长送孩子去读大学,父亲拿一张孩子的车票在北京车站问讯处要求买四张站台票,理由是父母、爷爷、奶奶想一起送孩子进站,该如何处理?

训练提示:

①遇到要求多买站台票送人的人员,首先要态度和蔼地解释一张车票只能买一张站台票,然后根据对方的反应来做进一步处理。

②如果对方能够接受,工作人员要表示感谢对方的理解和支持。

③如果对方不能接受,态度比较缓和时,工作人员可以进一步探问对方为何要多人送上车,待对方讲出理由后,工作人员视情况做进一步处理。

④如果被送站旅客能够自理,可以探问对方的担心,并明确表示铁路可以帮助他解除担忧,请他放心。

(三)"三品"检查服务技能技巧

(1)检查前,应主动说"谢谢您的合作",并主动伸手帮旅客把包放到检测仪上或抬到桌上进行例行检查。如果旅客较多,应手脚利索地协助旅客进行检查,同时提醒后一个旅客做好准备,以加快速度。

(2)检查中,对旅客携带物品有疑问时,最好不要当着其他旅客的面检查包内的违禁品,应把包拿到一旁,协助公安值勤人员开包检查。发现了违禁品,应保持平和的心态,向旅客详细指出哪些物品属于违禁品,严禁带进站、带上车,同时没收违禁品。若未发现违禁品,应当立即向旅客表示道歉,以示诚意。

(3)检查过后,应向旅客表示感谢"对不起,给您添麻烦了,祝您旅行愉快,再见。"

【模拟训练4-5】 行李安检服务

一旅客携带一大旅行包过机检查,行李安检机发出警报,安检员要求旅客配合开包检查,遭到旅客拒绝,并发生争执,安检员该如何处理?

训练提示:

①安检员应耐心向旅客解释铁路对旅客携带品的安全规定,希望旅客配合检查,保证旅行安全。

②注意语言技巧,减少对周围旅客的影响,不扰乱其他旅客正常的进站秩序,必要时可带到值班室进行沟通。

③对于不听工作人员劝阻,辱骂工作人员,并经调解仍无法平息之间的矛盾时,应及时报告值班站长,由站长决定是否需要车站公安人员协助,旅客是否可以继续旅行。

(四)候车室服务技能技巧

候车室应保持整洁明快、清新、高雅的良好卫生环境。为此应讲究卫生宣传艺术,要注意语言艺术,让旅客自觉维护环境卫生。

1.卫生宣传

(1)礼貌的语言不仅表示你对他人的尊重,而且会让不讲卫生者自己觉得不好意思,记住改正。比如,在劝阻旅客吸烟时,可和颜悦色地说"对不起,先生,我们这是无烟候车室,请您到吸烟室去,好吗?"然后再告诉他吸烟室在什么地方,那么,这位旅客会很自觉地把烟熄灭。

(2)通过广播宣传时,忌用生硬的语气进行宣传,如"根据××部门的规定,一不准……二不准……否则罚款"等。这种生硬的语气让人听后感觉很不舒服,甚至会使旅客产生逆反心理。

(3)在候车室中,通过布置通俗、醒目、富有文化品位的"禁烟"标志、保持卫生的宣传栏以及简洁明快的候车布局、条理分明的座椅摆设和一尘不染的窗户地面,都会无声地提醒旅客"这是一个文明的场所"。让旅客受到心灵的启迪,自觉维持好卫生环境。

2.清扫卫生

(1)清扫卫生应把握好清扫时机,不能不分时间、场合随意清扫。可选择旅客们清醒、闲聊时或用餐后再进行清扫,以便及时地把吃剩的果皮、剩饭菜等清理干净。不可在检票前进行清扫,这样会影响旅客检票的秩序,造成混乱。可选择在本次列车检票结束后,再行打扫,既没有干扰又可彻底地清扫。

(2)清扫卫生时要注意干净利索,不要盲目图快,更不能毛手毛脚,敷衍了事,以免灰尘四起,乌烟瘴气。还要尽量注意不弄出声响,以保持候车环境的安静舒适。可划分出责任区,做到"日常保洁,随脏随扫"。

（3）清扫时服务态度应热情，语言表达上应该更多地体现出相互尊重、友好相处的意愿。比如，扫地需要旅客配合，你可以轻轻地说"对不起，先生，请您抬一下脚。"或者说"劳驾，请您抬一下脚，免得碰着您。"扫地结束后，要感谢旅客与您的配合，及时说一声"谢谢"。切忌用训斥、命令、过激的语言，如"抬抬脚，听见没有？"或者"你躲开，躲远点，碰你身上我不管"。

（4）候车室面积大，旅客较多，卫生工作难保持。可在座椅间隙多摆设一些果皮盘，在候车室适当位置增设一定数量的果皮箱，方便旅客随手投放垃圾，而不至于无处可扔，随手抛弃，可以有效地保持地面干净，减轻工作劳动强度。

（5）洗手间清洁卫生。洗手间应指定专人清扫。做到勤打扫、勤冲刷，洁具保持常新、干净，适时地开窗通风，保持地面干燥，洗手池、台面、镜面不留水迹。

3．旅客候车

（1）候车服务引导，可利用广播、电子指示牌等，及时告知、引导旅客提前到达指定的候车检票地点。如能适时地站在候车室门口或走到旅客们身边，主动迎候旅客，随时为他们提供服务，指出他们确切的候车地点，更会让旅客感到你训练有素、值得信赖。

（2）可按照列车时刻表的先后顺序提前排定好各次列车候车区域，并设置引导牌。旅客进入候车室以后，应先从检票口开始，指引旅客按先后顺序依次落座候车。一旦旅客落座以后，要避免经常调换，给旅客带来不便。旅客携带行李物品应放在自己前面，并依顺序排列。

（3）候车室中，由于旅客较多，为便于排队检票，应把握"三条线"，即两边椅子上坐旅客成两条线，中间过道上行李摆放又成一条线，给人整齐划一、井然有序的感觉。

4．检票

（1）掌握好检票时间。一般情况下，始发列车应在开车前40min开始检票，过路车在列车到站前20min开始检票。

（2）宣传好列车情况。积极配合广播室及时、准确、清楚的通告列车运行情况，让旅客做到心中有数而不慌忙奔跑。

（3）检票时应组织好检票秩序。提前在检票口挂出指示牌，并通过电子引导装置不间断显示，可采取提前检票、分段检票、分行检票等方式组织检票，让整个候车室在检票时始终保持检票秩序的井然有序，安静而文明。

（4）检票时，应做到"一看，二唱，三下剪"，干净利落，有条不紊地进行操作。与旅客对话时，要注意微笑着面对旅客。说话语气要平和，吐字要清楚，态度要和蔼。如面带微笑地向旅客点点头，说一声"您好！"或者说"您好，先生（女士），请您把车票打开。"

（5）检票后，应主动把车票递到旅客手中，不要等旅客到你手中来取。交还车票时可说："祝您旅途愉快！"或者说"请您走好，再见"等等。

（6）如果发现有个别旅客扰乱秩序，应该用和蔼的语气劝阻他"对不起，这位先生（女士），请您按先后顺序检票。"切忌大声呼喊训斥或推搡旅客，这会引起周围旅客对你的反感。你可以用手或身体非常文雅地挡在他的前边，态度严肃、语气坚定地说"对不起，这位先生（女士），请问您的车票呢？"或者说"对不起，先生（女士），这趟车是对号入座，您必须凭票上车。"还可以说"先生（女士），您能先补张车票后，再进站好吗？"

（7）如果几个旅客的票全由一个人拿着，而这个人又走在最后面，可委婉地说"请问你们几位的车票在谁哪儿？别着急，让我先核对一下车票再走，好吗？"

(8)当看到不是本次列车的旅客来检票时,可对他(她)说"对不起,先生(女士),你的车票不是这趟车的。"或者说"对不起,先生(女士),现在检票的是××次,而您的车票却是××次,请您到××候车室去检票。"

(9)检票停止后再有旅客赶来时,应该制止他进站。同时,用和蔼亲切的语气耐心地安慰他,并帮助旅客出主意"先生(女士),您别着急,您改乘××次列车同样可以到达。您可去售票处办理改签手续。如果您需要的话,我可以帮您去办理,您看可以吗?"切不可对旅客刻薄生硬地埋怨、粗暴地阻挡。

【模拟训练4-6】 候车室服务作业

候车室客运服务人员在进行巡视观察时发现一旅客携带25kg超重物品,还随身携带一个大尺寸的液晶电视,该如何处理?

训练提示:

①向旅客说明铁路关于携带品的规定,每位旅客携带品的重量应小于20kg,外部尺寸长、宽、高之和不能超过160cm。

②发现有携带超大或超重物品的旅客,应及时进行耐心劝解,让其办理托运手续。

③如果旅客办理托运手续影响乘车时间时,可以耐心向其解释车票可以在开车后2h内办理改签手续。

④如果遇到明显无理取闹的旅客,可以进行合理解释后表示抱歉和理解,给对方发泄不满的时间。对严重扰乱工作秩序的人员应请求公安人员协助处理。

【模拟训练4-7】 候车室服务作业

有一旅客在候车椅上睡着了(没有同行人),经提醒后发现丢失一个包,候车室客运服务人员该如何处理?

训练提示:

①先要从情绪上呼应对方,立即询问有关情况。

②必要时拿出便签簿边听边记录有关信息,让对方感觉你和他一样着急,并且你在积极准备下一步工作。

③当面用通信工具和公安人员联系,公安人员如能到场,陪伴对方直到公安人员到场。

④如公安人员不能到场,如时间容许,尽快带对方找到公安人员。

⑤如自己因工作不能离开岗位,可以当着旅客的面与公安或其他人员联系,确定接待地点,然后尽可能详细地给对方指明路线,忌让对方感觉你在敷衍。

【模拟训练4-8】 候车室检票服务作业

车站停检车票后,一旅客持北京到上海的车票强烈要求进站上车,候车室客运服务人员该如何处理?

训练提示:

①视旅客情绪,耐心向其解释可以改签或退票,观察旅客反应,再做进一步处理。

②如旅客继续争取想进站,首先表示理解对方的心情,然后再进行礼貌相劝,争取让对方接受你在为他的安全着想。

③如果旅客情绪非常激动,在进行完耐心、合理的解释后表示理解,给旅客发泄不满的时间,但决不能迁就的放行。

(五)出站服务技能技巧

1. 出站引导

(1)多数旅客刚下车时,很难辨别方位,应通过广播适时宣传引导。在站台、地下通道、出站口等处设置完善的引导装置,通过电子指示牌,"无声"地引导旅客出站。同时,应服务在刚下车的旅客身边,随时为旅客指明简洁、正确的出站方向。

(2)随时保持地下通道的宽敞、明亮和站台的平坦、干净。积极疏导出站队伍,对一些携物较多或行走不便的旅客,应主动帮助、扶持,以保证队伍能井然有序和快捷出站。

2. 检票

检票时,应着装整洁、精神饱满地站在岗位上,向旅客微笑致意,同时,主动伸手去接车票,认真看清票面内容。不要等旅客把票递到你胸前你再去接或干脆让旅客举到你面前让你查验,这样做是对旅客的怠慢和不尊重。

3. 补票

(1)发现旅客没有车票想混出车站,不应大喊大叫、尖酸刻薄地训斥、挖苦,也不要用劲地拉拽或推搡旅客。可以用手或身体礼貌地挡住他,声音平和缓和、语气委婉地告诉他到补票处去补票。

(2)当看到旅客拿的包很重很大、背着都吃力有可能超重时,不能生拉硬拽非让他去补费。你应主动走上前去,帮他抬着走,唠家常式的说"先生,您从哪里来呀,就你自己拿这个大包,可够重的。"然后,再切入主题"先生,您拿的这包好像有点超重了,上车时怎么没去托运呢?我帮您拿去称下重量,好吗?"如果确实超重,应及时向旅客指出'先生,您看,您的包都超10公斤了,应该补收运费。"如果没有超重,应及时向旅客道歉"对不起,给您添麻烦了,有人接您吗?我可以帮您叫一辆出租车。"

(3)遇见小孩超高补票的情况,应注意一定要量过以后才能确定小孩是否超高。有家长在身边,一定要先说服家长,不要自行拉着小孩去补票。如看见有带小孩的旅客时,你可以主动走到他们的身旁,弯下腰关切地问小孩"你叫什么名字?今年多大了?从哪里来呀?",以消除小孩害怕和紧张情绪,让他感到你很亲切。然后,再问他的家长"这小孩有多高?几岁了?"如果家长不愿意,你可以拉着小孩的手说"小朋友,叔叔(阿姨)领你去量一下身高好吗?"如果小孩确实超高了,就应跟他的家长说:"您看,您的小孩才×岁就长这么高了,该买大人票了。"

(4)补费时,应和颜悦色地用通俗易懂的语言描述相关的补费规定,并准确地说出应收费用,该补多少就补多少,不能含糊其辞。

(5)旅客没钱补票或不愿意补票时,应注意避免与旅客争吵,更不能拿旅客的物品做抵押或接受旅客的赠品,对确实没钱补票的旅客按国务院的相关规定办理。碰上蛮不讲理的旅客,可把他请到值班室,耐心和蔼地向他解释,等到他心平气和时再补票(补费)。必要时可由公安值勤人员出面,尽量避免与旅客产生摩擦,以免激化矛盾。

【模拟训练4-9】 出站服务作业

一旅客带着一个1.3m的小孩出站,查票时发现小孩无票,出站口客运服务人员该如何处理?

训练提示:

①向旅客宣传儿童乘车规定,身高在1.2~1.5 m的儿童乘车时,需购买半价客票、加快

票和相应的空调票。

②务必要测量以后才能确定小孩是否超高。

③有家长在身边,一定要先说服家长,不要自行拉着小孩去补票。

④与小孩交谈时,应注意方法,消除小孩害怕和紧张情绪,让他感到你很亲切。

二、高铁车站客运服务技巧

旅客运输的服务对象是来自四面八方的旅客,不仅有国内的,也有国外的,同一个国家的又有不同民族的旅客。不同的旅客有着不同的性格脾气、风俗习惯。在旅途中又可能发生各种非正常情况,巧妙处理旅客旅途中的各种问题,是体现"旅客至上"服务理念的重要环节。一切从旅客出发,做到人性化服务。面对各种特殊情况,灵活运用各项应急办法和各方面知识,最大限度地满足不同旅客的合理需求。

(一)问讯服务作业技能技巧

高速铁路开通带来了方方面面的调整和变化,特别是对新设高铁车站,旅客很陌生,因此,问讯处就显得非常重要。

高速铁路车站问讯处应设在旅客比较集中的站前广场、广厅、售票厅、候车室等地,工作人员要正确、迅速、主动、热情、耐心地解答旅客提出的问题,为旅客提供电话订票、网络订票的换票、咨询服务,使旅客在购票、上车及中转换乘等方面得到便利。

问讯处的工作人员要能够使用英语为外籍旅客提供咨询服务。同时,对一些特殊的旅客可采用手语服务,真正做到"以人为本,旅客至上",优化服务作业的流程。

【模拟训练4-10】 问讯处服务

如表4-2所示,上午9:15时分,一外籍旅客持G317次车票(大连北—哈尔滨西)在大连北车站问讯处焦急地询问该趟车在几站台上车,应如何处理?

训练提示:

列车时刻表　　　　　　　　　　　　　　　　　　　表4-2

车次	始发站	终到站	列车类型	发站	发时	到站	到时	站台	历时	硬座	软座
G317	大连北	哈尔滨西	高速动车	大连北	12:48	哈尔滨西	17:10	2	04:22	403.5	645.5

①问讯处服务人员应能与旅客进行英语对话,了解旅客的需求。

②正确、迅速地解答旅客提出的问题,使旅客准时地到达站台上车。

③如果口头解答有困难,可采取文字解答,要求旅客把所问的问题用文字表示出来。

【模拟训练4-11】 问讯处服务

如表4-3所示,上午14:00时分,一对母女持G317次车票(大连北—哈尔滨西)在大连北车站问讯处询问,由于这趟车是12:55点始发,但是两人没赶上车,该怎么办?

列车时刻表　　　　　　　　　　　　　　　　　　　表4-3

车次	始发站	终到站	列车类型	发站	发时	到站	到时	站台	历时	硬座	软座
G319	大连北	哈尔滨西	高速动车	大连北	14:20	哈尔滨西	18:41	2	04:21	403.5	645.5

训练提示:

①问讯处服务人员首先应安抚母女俩的情绪,赶不上这趟车车票可以改签。

②缓解旅客紧张情绪后,告知13点后从大连北—哈尔滨西的其他车次时刻。

③引导旅客持车票到售票窗口改签。

(二)售票服务作业技能技巧

高速铁路客运站在旅客进出站流线上设置自动售票机,并辅之分散在站内各处的售票窗口向旅客提供更加便捷的票务服务,旅客可以根据需要选择购票方式。随着高速铁路车票实名制的执行,旅客可在自动售票机上刷入身份证信息,轻松购买到所需车票。为方便旅客购票,自动售票机还可使用银行卡刷卡,或提前在网上订好车票,凭有效证件再到车站窗口领取。

在车站售票厅内,工作人员要做好引导旅客正确使用自动售票机的工作,耐心接受旅客的咨询,若遇到机器故障、车票与屏幕信息显示不同时,要及时采取应急处理措施。

高速铁路客运站在售票大厅安排指导旅客使用自动售票机的服务人员,特别是对第一次使用自动售票机的旅客,要对其详细介绍,遇到问题及时帮助解决,使旅客能迅速、准确买到车票出行。

【模拟训练4-12】 售票服务

一旅客在使用自动售票机购票时,发现售票机在收了票款后,却不出车票,旅客十分着急,不停用脚踹机子,胡乱按售票机显示屏上的按键,引导人员应如何处理?

训练提示:

①工作人员应及时制止旅客的过激行为,问清情况后,第一时间通知维修人员来检查自动售票机,维修机器。

②缓解旅客紧张情绪后,若旅客着急买票,可在维修机器的同时引导旅客到人工售票窗口购票,待机器恢复后再如数退还旅客票款。

③可以在进行合理解释后表示抱歉和理解,给对方发泄不满的时间。对严重扰乱工作秩序的人员应请求公安人员协助处理。

【模拟训练4-13】 售票服务

一旅客持身份证在自动售票机前购买动车票,结果显示屏显示证件无效,旅客十分焦急,到人工售票窗口咨询,售票员该如何处理?

训练提示:

①应先缓解旅客紧张情绪,了解情况(发现是该旅客身份证消磁)。

②手工输入旅客身份证号,出售车票。

③提醒旅客带磁条的卡不要叠放在一起,以防消磁。

(三)候车服务作业技能技巧

高速铁路车站候车室本着"以人为本"的服务理念,向旅客提供"便捷、舒适、优质"的服务,候车室内还分设候车区域,对高速铁路商务座、观光座旅客设有专门的 VIP 候车区,其他旅客可到候车大厅候车,无论是一等座还是二等座,旅客要按照车票上标注的检票口信息就近候车。

1.儿童服务注意事项

(1)有成人陪伴的儿童

①提醒家长看好小孩,不宜随意追逐嬉闹,在饮水器旁注意不要烫伤。

②根据实际情况,可提供儿童读物、玩具,并提醒小旅客不要在候车室玩耍、奔跑,以免受伤及妨碍他人。

(2)无成人陪伴的儿童("车递儿童")

①为儿童旅客提供玩具、儿童图书及扑克牌、象棋、跳棋等文化娱乐用品。

②指派专人服务,随时关注并帮助儿童旅客。

③上车需与列车员做好交接工作。

2. 孕妇服务注意事项

(1)由于身体原因,孕妇可能会经常起身去洗手间,需要安排靠近走道的座位以方便其进出。

(2)需要时,客运服务人员应委婉引导旅客。

(3)卫生间应保持清洁干净,地面整洁,避免孕妇滑倒摔伤。

(4)对孕妇多提供几个清洁袋,主动询问孕妇候车感受,随时给予照顾。

(5)上车时客运服务人员可协助孕妇旅客提取行李,并送至车门口。

3. 老年人服务注意事项

(1)与老人谈话时,声音要略大些,速度要慢,语言简练、柔和,要有耐心。

(2)提供茶水时,为了避免烫伤旅客,可在杯子下面垫盘之间垫张纸巾。

(3)主动搀扶老年旅客候车检票,必要时用轮椅送老年旅客上车。

(4)如老年旅客坐轮椅去洗手间有困难时,应主动、细心给予照顾。

(5)老年旅客候车时需主动上前搀扶并协助提拿行李。

(6)老年旅客腿部容易怕冷,应主动提供毛毯;帮助盖毛毯时应注意把脚、腿盖上,或适当垫高下肢。

(7)由于老年旅客听觉较差,对于广播经常听不清楚,客运服务人员应主动告诉广播内容和介绍候车室服务设备、洗手间的位置。

(8)为老年旅客提供茶水时,应主动介绍饮料品种,提醒旅客哪种饮料含糖分;老年旅客需要橙汁时应主动提醒旅客橙汁是微酸的。

(9)主动帮助老人或没带老花镜的旅客填写意见卡等。

(10)放行时提醒老人别忘记所携带的物品,搀扶其上车,与送站人员做好交接。

4. 带婴儿的旅客服务注意事项

(1)应主动询问旅客是否需要摇篮,如果需要,可协助旅客安放摇篮,垫上毛毯,放好小枕头,让婴儿平躺在摇篮里(摇篮承重为15kg)。

(2)应主动向旅客了解婴儿何时需要热奶或食品加热,需要时应帮忙兑奶或加热食品。

(3)需要时,可给婴儿提供玩具。

(4)当列车到达开始检票时,请旅客包好婴儿,收回摇篮;同时帮助旅客整理手提物品,穿好衣服。

5. VIP旅客服务注意事项

(1)了解VIP旅客职务、服务喜好等信息,提供个性化服务。尤其是北京、天津等精品线路,某些部门或集团的领导可能是常客,对这些经常乘坐动车组列车的领导、公务人员,应能够对他们的生活、饮食习惯作一个总结,建立专门服务档案,将适合VIP旅客特点的乘车习惯记录在案。如某客人腰不好,就主动递一条毛毯让他垫上;另一旅客喜欢喝不加糖的红茶,就直接送上他喜欢的饮品等。这样,使服务更科学,更个性化,更有针对性,让旅客感觉更亲切。

(2)旅客候车时,及时为旅客挂好衣物、注明座位号。

(3)值班员代表班组向旅客致欢迎词,表示为其服务深感荣幸,并竭诚为其服务。

(4)主动询问随行人员了解VIP旅客的乘车情况。

(5)在候车中,尽量减少对客人的不必要打扰,如旅客不需要提供服务,客运服务人员之间应做好交接工作,避免重复询问。

(6)送客时帮助旅客提拿行李交接给随行人员,并真诚道别,期待以后能够继续为其服务。

(7)与VIP旅客聊天时,话题避免涉及商业机密或政治方面的话题。

【模拟训练4-14】 候车服务

两名旅客在候车室候车时,由于候车人数较多,为争座位发生争执,并大打出手,候车室工作人员该如何处理?

训练提示:

①候车室客运服务人员应先安抚旅客并简单了解事情的起因,同时报告站长。

②尽可能为旅客调整座位,协助旅客妥善放置好随身物品,调解、缓解旅客间的矛盾,注意语言技巧,减少对周围旅客的影响。

③对于不听工作人员劝阻,争执行为过激引发打架斗殴,并经调解仍无法平息矛盾时,应及时报告值班站长,由站长决定是否需要车站公安人员协助解决,旅客是否可以继续旅行。

【模拟训练4-15】 候车室特殊旅客服务

模拟高铁客运站候车室的旅客服务,分别有成人陪伴的小旅客、孕妇、老年人、带婴儿的旅客、VIP等特殊旅客,客运服务人员需根据其不同要求做好服务工作。

训练提示:

对特殊旅客的服务水平是体现客运人员服务水平的一个重要方面,做好特殊旅客的服务需要更多的细心和耐心。

【模拟训练4-16】 候车室检票服务

一旅客拿着红色纸质票放入自动检票机中,结果不能使用,影响其他旅客正常检票进站的秩序,客运服务人员该如何处理?

训练提示:

①客运服务人员发现旅客错误使用车票进站检票时,应及时引导,告知红色纸质票不能使用自动检票机,可用旁边人工检票口进站。

②安抚其他排队旅客的情绪,及时恢复正常的检票秩序。

③在检票口的客运服务人员应做好宣传工作,告诉旅客持磁质车票时经自动检票机检票进站,持红色纸质票时经人工检票进站。

(四)站台服务作业技能技巧

(1)客运服务人员应负责引导旅客进出站安全的相关服务工作,为列车正常运行提供有效保障。

(2)做好车门验票上车工作。

(3)解决和协调旅客现场存在的问题,并及时逐级汇报。
(4)及时配合公安人员清理闲杂人员,维持好站内安全秩序。
(5)负责协助值班员做好晚点列车的处置。
(6)负责做好旅客乘降工作,确保安全。
(7)协助值班员做好站车交接工作及突发事件的应急处理。
(8)完成上级交办的事项。

【模拟训练4-17】 站台服务

一旅客在站台安全性以外拿摄像机拍摄车站,站台客运服务人员该如何处理?

训练提示:

①及时制止旅客,组织旅客站在安全线内,向旅客说明选择安全且候车人较少的位置进行拍摄。

②做好站台安全宣传和防护工作。

③随时注意旅客动态,防止旅客钻车、爬车及横越股道。

【模拟训练4-18】 站台服务

一旅客推着坐轮椅的另一旅客在站台上焦急地寻找对应的车厢,由于站台人多,看不清站台地面上的车厢位置标记,站台客运服务人员该如何处理?

训练提示:

①重点旅客重点照顾,疏散人群,带领旅客在第一时间找到车厢位置。

②维持站台秩序,安排好其他旅客排好队,先下后上。

③帮助特殊旅客拿行李或辅助其顺利上车。

(五)出站服务作业技能技巧

(1)负责出站旅客验收票工作,发现旅客违章乘车时,按章补票。
(2)做好晚点列车的通告工作。
(3)做好旅客到站后的安全宣传工作,保证旅客安全有序出站。
(4)协助客运值班员做好突发事件的应急处理。
(5)及时配合公安人员清理闲杂人员,维持好站内安全秩序。
(6)监督保洁人员做好站区卫生清洁工作。
(7)完成上级交办的事项。

【模拟训练4-19】 出站服务

一旅客持磁质车票不能放入自动检票机,无法验票出站,由于后面排队的旅客较多,引起很多旅客的不满,严重影响验票出站的秩序,出站客运服务人员应如何处理?

训练提示:

①出站口客运服务人员应查明情况,如为自动检票机故障,则应引导旅客到人工验票口验票出站。

②如发现旅客所持车票为无效车票,则应先安抚其他旅客情绪,再带领该旅客到补票处补票。

③与旅客或其他沟通对象交流时,一定要注意语气、语言。有些问题本身很简单,如果因为态度问题,可能会变得复杂起来。

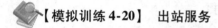【模拟训练 4-20】 出站服务

一旅客在出站口查票时无票,旅客声称是铁路职工,却无法提供有效证件证明,态度恶劣,与工作人员发生争执,不配合工作,出站口客运服务人员该如何处理?

训练提示:

①出站口客运服务人员应查明旅客是否冒充铁路工作人员无票乘车。

②遇个别比较蛮横的旅客无理纠缠,需要公安人员出面时,最好不要当着旅客的面进行通信联系。

③待旅客情绪平静后,带其到补票处进行补票。

三、列车服务技能技巧

列车服务技能技巧,主要包括车门迎接服务技能技巧、列车上的服务技能技巧和立岗送别服务技能技巧等。

(一)车门迎接服务技能技巧

(1)在车门立岗迎接旅客时,态度要诚恳、热情、礼貌、周到,目光应关注旅客,并用亲切的语言表示欢迎,如"您好,欢迎乘车!请出示车票。"同时,按先来后到的原则快速查验车票。

(2)车门口发生拥挤现象时,应按先后顺序维持排队秩序,及时提醒旅客看管好自己的行李物品。遇到老人、小孩和行动不便的旅客要主动搀扶、给予帮助。

【模拟训练 4-21】 迎接旅客

按照作业要求,完成组织旅客上车的各项工作。

训练提示:

工作重点是:验票上车,防止旅客上错车;安全宣传,防止旅客摔伤;引导帮助重点旅客找座位,安放行李。在此项工作中应面带微笑,运用好服务用语。

(二)列车上的服务技能技巧

1. 致迎宾词

(1)致迎宾词时,应两眼看着旅客,沉着自信,面带微笑,语言清晰,用词恰当、致辞规范。声音的高低以确保绝大多数旅客都能听到为度。

(2)软席车厢的旅客层次相对较高,包房致辞声音不要太大,尽量做到甜美柔和。若有外国旅客,应用英语重复一遍。

2. 车厢整容

(1)旅客上车后,忙于寻找座位和放置行李,应提醒旅客保管好车票以免丢失,放稳行李以免坠落伤人;除直达特快列车外,对乘坐卧铺的旅客应主动提醒旅客更换卧铺牌。

(2)硬座车人员多,秩序容易乱,对乘车经验少的旅客、老弱病残旅客以及行李较多的旅客应主动引导,尽快帮他们找到座位,把旅客安顿好,使车内秩序尽快平静下来。

(3)引导中要注意对号入座,如果该座位坐有其他旅客,应请其离座。当旅客主动离座时,应主动说"谢谢您的合作!"碰到少数拒绝让座的旅客,切忌用诸如"没座位活该!"等生硬语言刺激旅客,应积极寻找空座位,缓解矛盾。

(4)整理行李架时,应主动向旅客解释,以取得旅客的配合,如"旅客们,为了给大家创

造安全舒适的环境,现在开始整理车厢,请予合作,谢谢!"

(5)整理毛巾时,先做示范,由旅客效仿,避免不必要的矛盾。

3.供应茶水

(1)任何旅客列车在始发和运行途中都要坚持给旅客送开水。有电茶炉的优质优价车,还要给旅客讲清楚茶炉的位置。对车厢里的老弱病残旅客,应坚持送水到位。应随时为卧铺车厢里的暖水瓶续水。

(2)列车送水应注意别烫伤了自己和旅客。提着水壶和水桶走过通道要走稳,并不时提醒旅客"劳驾,请让一下!"。站立时,可朝着列车前进的方向,向车窗稍微侧身,两脚自然分开站稳。如果旅客较多的硬座车厢,不妨找一个站稳的支点,适当靠一下座椅。

(3)接旅客的杯子,手要握着杯子的中下部。如果是带把的杯子,要让杯子把朝外,方便旅客接回杯子。倒完水后,应把杯子放回原位。

(4)倒水时,一手拿杯子,壶嘴贴近杯子,缓缓倒入,不能太满。如杯子里有存水,应征求旅客意见是否倒掉。若不小心把水溅到旅客身上或物品上时,则应马上帮旅客擦干净。

(5)喝水旅客多时,要表现出耐心,一般先倒靠近车窗旅客的杯子,然后逐个向外。倒水的同时,应提醒其他旅客"准备好您的杯子和茶叶,请稍候",以缓解其他旅客等待的焦虑。

(6)给包房里的旅客送水时,要注意礼节,应先征得旅客同意后才能进去。

(7)水没有开,旅客需要时,可微笑着给旅客做好解释"对不起,水还没有开,请您稍等,水开了我马上给您送来。"

4.清扫卫生

(1)清扫卫生前应首先宣传"旅客们,为了给大家创造良好的旅行环境,我开始打扫卫生,请大家给予协助,谢谢!"

(2)清扫时,动作要轻,需要旅客帮忙时要说"劳驾,请您抬一抬脚"、"麻烦,挪一挪您的包行吗,免得弄脏"、"打扰,请把茶杯拿一下,我给您清理一下茶几"。清扫后,要把旅客物品或行李放回原处摆放好。

(3)清扫厕所,旅客正在使用时,不要敲门催喊,要耐心等待他使用完毕后再清扫。

(4)清扫工具碰脏了旅客或物品时,要主动道歉,并想办法帮旅客擦干净。

(5)旅客对车厢卫生状况不满意时,要及时清扫和整理,并主动说明原因"抱歉,今天超员,打扫卫生不方便,请您谅解,我会尽力清扫干净。"

(6)清扫干净后,还要及时整理车厢两端的垃圾袋,装满以后及时收取换新;还要不断地收集茶几或果盘里的垃圾,清理软卧车厢里的垃圾桶;对团体旅客,可为他们专门准备一个垃圾袋和果盘。

(7)注意随时提醒旅客讲究卫生,见有人随地扔果皮、纸张,可轻声提醒他"请把杂物放在茶几上好吗?我马上过来清理。"见有人往地上倒茶水,应劝告他"请不要把茶水洒在地上,免得滑倒他人。"或不妨屈身帮他拣起乱扔的果皮、纸屑,或用拖布拖干净茶水。卫生状况不好的车厢中旅客乱扔垃圾的频率大,卫生清洁的车厢里旅客不太乱扔垃圾,因此,要做到不厌其烦地随脏随扫,细心照顾需要帮助的旅客,使"互动服务"架起与旅客沟通的桥梁,用优美的环境约束旅客,营造文明舒适的车厢环境。

5.列车验票

(1)列车验票前要事先做好广播或口头宣传,如"旅客们,现在开始验票(核对车票),请大家把车票准备好,谢谢!"

(2)验票时,应亲切客气地对旅客说"请出示您的车票。"认真仔细查验完毕后,要有礼貌地将车票还给旅客,同时说"请收好您的车票,谢谢!"切忌使用"查票啦,把车票拿出来"、"为什么不买票"、"补票去"等生硬、冷漠的语言对待旅客。

(3)碰上不理不睬、不予配合的旅客,无论他出于什么原因,都不能计较,可略提高音量,态度和蔼地说"先生(女士),请出示您的车票,如果您没来得及买票,可以办理补票手续。"

(4)对无票乘车或是以身无分文等各种托词不愿补票的旅客,可在乘警的协助下向他指出"先生(女士),您实在无法补票?列车将按章编制客运记录,请您在前方大站下车,由车站协助当地政府为您解决困难。"变"查票"为"验票(核对车票)",变换一下客运服务人员和旅客的角色,体现以人为本的人文关怀,体现铁路为旅客服务的思想,旅客也更能接受。

6. 对重点旅客的服务

(1)对各类残疾旅客和老人,应主动介绍列车设施及作用,尽可能地为他们提供方便,做到帮拿行李、搀扶上下车、帮助安排卧铺或找座位、联系三餐、端茶送水、协助上厕所等。

(2)儿童旅客好动,发现其有危险举动时,要及时制止,提醒其父母看好自己的孩子;同时,注意观察他们是否还有类似的危险举动。

(3)孕妇旅客易疲劳,行动不方便。可安排一个方便走动的下铺或座位,动员周围旅客轻走动、轻交谈,给她们创造一个安全、良好的休息环境。

(4)发现有突发性精神病的旅客,可及时给旅客创造一个相对隔离、安静的环境。通过广播找医生以药物控制病情,指定专人看护,多对病人说些宽慰的话,播放一些节奏舒缓、旋律优美的音乐,尽量减轻病人的压力,转移病人的注意力,以助病人恢复平静的心情。

(5)对气短脸红、患有心脏病的旅客,应引起警惕,及时关注,了解他的心脏急救药品放在什么地方,并委托他的同伴或周围旅客及时给他关照,避免发生不测。

(6)对刚动过手术或患有糖尿病的旅客,应及时主动和他们联系,关心他们的起居饮食;需要的话,可请餐车做特殊的"病号饭"。

(7)为外宾服务应举止得体,谈吐彬彬有礼,不卑不亢,并适当掌握、学习一些简短的列车常用外语以及国外的风俗习惯、宗教知识、生活禁忌、礼貌礼节等。对外宾的称呼要合适,可根据不同性别、年龄,称为"先生"、"女士"、"夫人"、"小姐"。若外宾有无理要求时,应委婉拒绝。

7. 列车广播

(1)广播员应具备清晰标准的发音和吐字、抑扬顿挫的语调、适当变化的语言节奏等语言基本功。播音时,语言要生动形象、悦耳动听、富有幽默感。语气应亲切自然,做到口语化播音,不能就稿论稿,就句论句,语言干瘪、贫乏、浅薄。

(2)不同的列车应设计不同的广播风格。如优质优价列车广播最好能格调高雅,突出文化品位;普通旅客快车可追求雅俗共赏,老少皆宜;普通旅客慢车应贴近旅客需求,力求朴实真诚。

(3)编排节目应根据不同旅客成分、不同旅行目的、不同文化层次以及旅客旅行的心理特点有针对性地安排。如午间用餐时,可放一些轻松、优雅的背景音乐,以营造高雅的列车环境和有利于旅客增进食欲;对知识型旅客,可安排"音乐赏析"、"文学专题"等节目;对年轻旅客可安排流行音乐等。

(4)广告节目编排要适度,要讲究艺术性,最好选择旅客情绪相对稳定,周围环境趋于平和时播放;每次播放时间不宜过长,同一内容的广告每一单程播出次数不宜过多。

8. 餐车服务

(1) 餐桌台布应色彩明快,令人赏心悦目。每一张餐桌上摆设的压台酒、酱醋壶、烟灰缸等器皿,要做到"形状、大小、花色"三个一致并定位摆放。

(2) 旅客就餐时,要及时齐全地摆放茶杯、汤匙、食碟、筷子、餐巾纸等餐具,筷子要用纸包装,餐巾纸摆放于碟中,汤配汤匙,食碟齐全,对有豁口、裂纹的餐具要及时调换,不要上桌。

(3) 服务时,应着装雅致、整洁卫生。主动询问就餐旅客的基本口味要求,通知厨师做出符合客人口味的饭菜。上菜时,要做到饭菜汤"三同到",并报出菜名。上齐后,要轻声询问"先生(女士),菜已上齐,您还需要什么吗?"旅客进餐时,应敏锐观察旅客的一举一动,随时满足需要。旅客就餐完毕,要迅速撤掉碗筷,擦净餐桌,让新入座的旅客尽快就餐。

9. 终到服务

(1) 列车终到前,进行车内保洁。保洁时要面带微笑,动作轻快而不忙乱地倾倒果皮盘和小茶桌上的杂物。倾倒茶水时要征询旅客同意后再倒掉。同时注意提醒旅客将小茶桌、铺位、座位上的小件物品收好。

(2) 清洁地板时,可辅以"请让一下"、"请抬一下脚"等话语,让旅客有所准备。遇有行包挡住时,不妨说"可以移动一下吗?"以请旅客配合。地板清洁后要提示旅客"行走小心,注意安全"。对带小孩或年龄较大的旅客则请他们等地面稍干后再行走,以免摔倒。

(3) 临近终点站,卧铺车厢乘务员,应到铺位上、包房里挨个给旅客换票。换票时,应提示旅客核对一下车票,并适当向旅客介绍终到站的中转换车、市内交通、住宿等情况。遇有初次出门或老年旅客要提醒他们注意保管好车票以便出站时验票。

(4) 卧具不能提前收取。对于深夜或清晨到达的列车,即使旅客没有在铺上休息,也不能收取卧具,以免影响其他旅客的休息。对于白天或晚间到达的列车,旅客没有在铺上休息的,可以适当整理卧具,以保持车内整洁。整理卧具时,尽量做到静悄悄、轻手轻脚,少影响干扰旅客。

【模拟训练4-22】 处理旅客纠纷

模拟旅客上车,因抢占座位发生争执时,乘务员应如何调解?

训练提示:

①乘务员应先安抚旅客,并了解事情的起因,同时报告列车长和乘警。

②尽可能为旅客调整座位,协助旅客妥善放置好随身物品,调解、缓解旅客间的矛盾,注意语言技巧,减少对周围旅客的影响。

③在运行途中,要加强监控,以避免矛盾的再次激化。

④乘务员提供优质服务,比照重点旅客照顾,消除旅客不愉快的记忆,缓解矛盾。

【模拟训练4-23】 车厢空调发生故障

模拟列车在运行途中,因车厢空调发生故障,旅客意见很大,情绪激动,乘务员应如何面对?

训练提示:

①做好旅客的安抚解释工作。

②立即报告列车长和列检,尽快修复。

③无法修复时,把旅客尽量安排到其他车厢,并做好服务工作。

④由此产生的票价差,由列车长编制客运记录交旅客到站退款;若人数较多时,列车长应先向旅客到站拍发电报。

(三)立岗送别服务技能技巧

(1)到站后,车门立岗的乘务员应以饱满的热情、整洁的形象、标准的姿势以及亲切的态度和话语,有礼貌地向不同的旅客道别,如"请慢走"、"感谢你乘坐本次列车"、"欢迎下次再来"、"下次再见"等。

(2)对下车旅客,应根据实际情况给予适当帮助,如帮助带较大行李的旅客提一下行李,帮助带小孩的旅客抱一抱小孩,搀扶老人和病、残行动不便的旅客下车,冬天在冻滑的梯子上垫块小方布等。

四、动车组列车客运服务技巧

列车上要备有《全国地图册》、《中国高速列车时刻表》及家居小用品、常用药品。

(一)始发准备作业技能技巧

1. 二等车

(1)在带有书报杂志架的列车上,整齐插上各类报刊。

(2)检查洗手液是否注满,喷头是否拧开。

(3)检查空调设备。

(4)将车厢内电源插座外盖扣好。

(5)旅客上车前应对服务间、乘务员座椅进行清理,保持座椅、地面、台面整洁。

(6)如果车厢空气不够清新,在旅客上车前乘务员可在座椅侧面、帘子上喷洒少许香水,车厢内喷洒少许空气清新剂;洗手间内除喷洒香水外,还可将固体香水取下直接对准通风口,能有效起到清除异味的作用。

(7)乘务员的行李物品尽量不要占用旅客行李架。

(8)及时擦净行李架、壁板等处的污迹。

(9)合理分配各车厢服务用具、车供品、清洁用品。

(10)清除车厢过道及所有无法固定的障碍物品。

2. 一等车

(1)检查洗手液是否注满,喷头是否拧开。

(2)放置冰镇啤酒、香槟、干白、干红等时,为了防止商标遇水破烂或字迹模糊,可用塑料袋包裹后冰镇;仍需食用的冰块必须用塑料袋包装,置于饮料上冰镇,避免污染。

(3)在服务间内的格子里要放少量清洁袋备用。

(4)提前掌握乘务员 VIP 旅客的座位分布。

(5)在旅客上车前先检查电视荧屏、旅客的座位、小桌板、脚踏板是否干净,枕头摆放整齐,徽标正对旅客。

(6)放行前应清理服务间,对乘务员座椅进行清理,保持座椅、地面、台面整洁。

(7)保证每个一等车座位口袋里配备的杂志种类齐全,并确保摆放顺序一致。

(8)遇到列车晚点、等待时要及时当面说明原因,表示歉意并询问需求。

(9)喷洒空气清新剂和香水,保持车厢、洗手间空气清新。

(10)一等车行李架避免放置车组行李物品,保证旅客有足够的行李存放空间。

(11)提前为 VIP 旅客准备好干净的被褥,放在服务间内。VIP 需要时,可以马上提供。

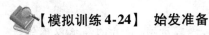【模拟训练 4-24】 始发准备

按始发准备要求,完成准备任务。

训练提示:

①检查各种实施设备是否齐全、作用是否良好?

②检查车内是否清洁、整洁?

(二)始发站作业技能技巧

1. 迎客

(1)二等车

①迎客前,再次整理好个人仪容仪表。

②迎客前封锁洗手间,避免把旅客餐食、行李箱等放入洗手间内。

③主动问候旅客,老人等特殊旅客上车时应主动上前搀扶,协助提拿行李;儿童上车时弯腰问候,可抚摸儿童头部或肩部表达对孩子的关爱。

④及时提醒旅客座位号位于行李架边缘,要求旅客对号入座。同时向旅客介绍扶手内小桌板的使用方法。

⑤委婉提醒旅客找到座位后将过道让开,以便后面旅客通过,但不得吆喝、推搡旅客,随时注意自身在疏通过道或协助旅客安放行李时是否堵住过道。

⑥提醒旅客将大件物品存放在大件行李架上,小件物品(如水果、小推车)及放不下的物品可放前排座椅底下。

⑦及时整理旅客行李架,加快旅客行李放置速度。

⑧协助老弱病残及手提行李过多、过重的旅客安放行李。

⑨当发现旅客自带旅行茶杯时,应主动询问旅客是否需要添加茶水。当旅客正在食用自带的食品(含药片)时,可询问是否需要帮助。

⑩安全检查需从上至下,按照"行李架→衣帽钩→座椅靠背→小桌板→车厢通道"顺序,不漏检。

⑪列车运行前禁止旅客使用洗手间,特殊情况必须使用时,应有专人看守。

⑫仔细观察旅客,对神色异常、感觉不舒服的旅客及时给予关心和帮助。

⑬吧台服务员在吧台值守,时刻准备为旅客服务。

⑭提前安排好守口站位和退场秩序,正常鞠躬度数为30°;列车晚点致歉时为45°。

(2)一等车

①旅客上车时乘务员应委婉确认旅客座位号码,安排入座。

②向列车长汇报旅客是否完全按座位号码就座,是否有改变座位旅客。

③主动为旅客安排行李,脱下的衣服需及时挂于衣帽钩上。

④向车站接待员了解一等车厢 VIP 旅客在车站(或目的地)用餐情况。

⑤使用姓氏尊称服务,乘务员简单致欢迎词,作自我介绍,事先通报列车运行时间、预计到达时间以及途经主要城市和风景名胜的预计时间,以及列车上的一些基本设备,并祝旅客旅途愉快。

【模拟训练 4-25】 自我介绍

分组完成开车后的迎宾词,并作自我介绍。

训练提示：

①致迎宾词时，应两眼看着旅客，沉着自信，面带微笑，语言清晰，声音的高低以确保绝大多数旅客都能听到为度。

②一等车厢的旅客层次相对较高，致辞声音不要太大，尽量做到甜美柔和。

③若有外国旅客，应用英语重复一遍。

2. 座位安排

（1）尽量为座位不在一起的朋友或家人调换座位。

（2）在保障安全、不违反政策的前提下，适当为特殊旅客、身材高大的旅客、常客和宾客调整舒适的座位。

（3）列车开动前如旅客尚未就座，应上前提醒。

3. 行李安排

（1）二等车

①将特殊旅客的行李安排在他们可以看见或方便提取的位置。

②提醒旅客不要把容易滴洒的液体放在行李架上，密码箱不可在一起放置。

③在旅客人数较多时，乘务组可取下车组行李，存放在衣帽间或服务间可固定的位置。

④提醒旅客保管好笔记本电脑等贵重物品或易碎物品。

⑤在帮旅客摆放行李时，要先经旅客同意，摆放旅客行李须轻拿轻放。

⑥尽量不要替旅客保管物品，如特殊情况需要保管，应提醒旅客取出贵重、易碎物品，并让旅客亲自确认行李存放位置，提醒下车时不要忘记拿取。

⑦及时整理行李架，加快旅客行李放置速度。

⑧洗手间内及车厢连接处禁止堆放行李物品。

⑨大件行李较多，行李架放置不下时及时向列车长汇报，并说服、协助旅客将大件行李放到大件行李架内。

⑩当旅客座位上方行李架已满时，与旅客协商将行李放在其他行李架上；并让旅客确认存放位置，提醒旅客提取贵重物品，下车时不要忘记拿取。避免将行李存放在离旅客座位过远的行李架上，尤其是老年旅客的行李，要尽量放置在其座位上方或前排座椅下，避免因本人无法照看而造成不安。

⑪检查行李架时，应注意物品不得超过规定的尺寸，以免滑落。

⑫发现旅客座椅前放置的行李物品过大影响就座时，可主动协助旅客安放行李或调整旅客座位。

（2）一等车

①如座椅后需要放置行李物品时，必须保证前排座椅靠背能自由调节。

②需主动协助一等车厢旅客或 VIP 旅客安排行李，轻拿轻放。

③乘务员有责任对一等车厢旅客的行李进行托管，提醒旅客取出贵重物品，并妥善保管，防止弄脏和破损。

4. 报纸服务

（1）二等车

①为防止弄脏乘务员衣服，可在报纸底下垫上干净防滑纸。整理书报杂志时需带一次性手套。

②主动介绍报纸品种，用眼神浏览，并征询每位旅客的意见。

③报纸数量不足时应委婉向旅客做好解释工作,要求相互传阅。
④发报纸避免走形式。发完后勤洗手,避免污染其他物品。
⑤检查报刊日期,避免发放过期报纸。
⑥发现对中国高速铁路有负面影响的报纸立即停止发放,并通知上级停止对该报纸的配发。
⑦乘务员在车厢中走动时动作要轻,避免碰撞正在阅读报纸杂志或休息的旅客。拉帘子动作要轻、要规范。

(2)一等车

①准备10份完整的中文报纸和2份英文报。
②在旅客人数较多时可整齐插于其报刊杂物袋里;在旅客人数较少时可单独提供,同样告诉旅客插于您前排座椅口袋里。
③注意观察旅客身份国籍,及时提供外文报纸杂志。
④检查报刊日期,避免发放过期报纸。
⑤所有一等车厢座位报刊品种需保持一致。

5. 发拖鞋(一等车)

如果旅客需要可为旅客提供拖鞋。
(1)乘务员需用手发送拖鞋,禁止将拖鞋插于前排座椅口袋内,禁止用大、小托盘送拖鞋;送拖鞋时一次最多拿4双,无须备份一双。
(2)送拖鞋时需要在旅客面前打开,放置在靠过道侧旅客脚边。
(3)乘务员蹲下、用于撑开拖鞋鞋面并将拖鞋整齐摆放在旅客靠过道的脚边。

6. 播放录像

(1)二等车

①提前安排好录像播放顺序,并做好充分准备。
②乘务员随时在车厢感受音量大小,并做适当调整。
③随时观察播放情况,播完后立即更换。
④在节目更换期间和电影节目中间可穿插播放指定内容。
⑤车厢设备介绍等要有声播放。
⑥广播内容与乘务员实际工作保持一致。

(2)一等车

①了解旅客对录像节目的反应,及时更换不受欢迎的节目。
②观察旅客对个人电视的使用情况,及时进行指导。
③为休息的旅客,收起电视屏幕。

7. 途中作业

(1)饮料服务(一等车)

①主动协助旅客打开小桌板。
②旅客喝咖啡,单独放糖包、奶包时,及时清理用完的包装袋。
③热饮在旅客放行前送至一等车厢。
④需添加咖啡时,应将杯子擦拭干净或重新更换咖啡杯。
⑤铺完餐巾布后仍需垫杯垫。
⑥提供饮料时需检查并确认餐食饮料的质量以及用具是否干净,使用一等车厢玻璃器

皿时,应用餐巾纸拿取,避免留下手印。

⑦不要等到饮料全部喝完后再为旅客添加。

⑧热饮需保持一定的温度,禁止为旅客提供"温吞水";热饮提供时间过长发生变冷或沉淀现象时,需主动为旅客更换。

⑨提供茶水、咖啡、米饭或汤时,为了避免烫着旅客,可在杯子、饭碗、汤碗与下面垫盘之间垫张纸巾。

⑩旅客饮用完牛奶后如提出需要红茶,应提醒旅客不宜混饮。

⑪为一等车厢旅客送茶和咖啡时杯托上不需垫杯垫或餐巾纸,杯垫仅垫在玻璃杯下。

⑫为一等车厢旅客送水果时应提供叉和刀。

⑬在提供餐饮前,对于存放在坐椅扶手内的小桌板或位于车厢壁板上的小桌板,乘务员在征得旅客同意后,将相连的小桌板全部都打开放平,再统一提供餐饮服务。注意随时观察一等车厢的旅客,使服务能够在旅客开口之前提供,如旅客杯中饮料快喝完时应主动询问是否需要添加。

(2)餐食服务

①二等车

a.旅客预定的特殊餐食要先提供。

b.为特殊旅客(老人、盲人等行动不便的旅客)提供餐食服务时,要征求旅客意见,是否需要为其打开刀叉包。

c.为旅客冲泡奶粉时,需同时送上餐巾纸或湿纸巾。

d.如果旅客的小桌板在坐椅扶手里,为旅客提供餐饮服务时要主动协助旅客取出桌板。

e.送热食、热饮时提醒旅客小心烫手。

f.如有旅客在餐饮服务时提出其他的需求,要尽可能及时满足;如当时无法满足,为了避免遗忘,要求将旅客的需求及座位号记录下来,并尽快提供。

g.禁止将餐饮或杂物从旅客头顶上方掠过,旁边旅客协助递送时需及时向旅客致谢。

h.协助旅客打开小桌板后再递送餐饮,遇到前排旅客放下座椅靠背;后排旅客位置很小不方便用餐时,主动提醒前排旅客调直椅背并表示谢意。

i.服务过程中需及时提醒旅客注意安全,阻止儿童在过道上或座椅上玩耍。

j.收餐时可在餐车的抽屉内备份一些餐巾纸和清洁袋,带上干净的湿毛巾,随时擦拭旅客小桌板上的汤汁。

k.注意礼貌用语,对旅客提出的需求尽可能满足;确实无法满足时应委婉向旅客说明原因,取得旅客的谅解。

l.掌握好服务节奏,减少旅客等待时间。

②一等车

a.一等车厢餐具需提前预热,热食必须保持一定的温度。

b.主动介绍餐食品种,汤的温度过高时及时提醒旅客。

c.随时监控一等车厢旅客用餐情况,确保餐食供应及时。

d.主动协助旅客打开刀叉包,铺好餐巾布。

e.旅客使用后的清洁袋应及时更换,如果遇到旅客需要使用,主动为其将封口打开。

f.列车变速阶段,要固定饮料车和餐车内的服务用具、储物格、整理餐具餐盘等,避免发出较大的声响以及减少餐具的磨损。

(3)回收杂物

①二等车

a.餐车上备份一些清洁袋,为需要的旅客提供。

b.清理垃圾时应带一次性手套。

c.主动擦拭旅客小桌板上的污渍,清理地面杂物。

d.回收杂物时禁止不礼貌的用语。

e.旅客丢弃在车厢通道上的杂物,包括报纸、纸巾、包装纸等,即使是非常小的牙签、碎纸屑等也要及时清理干净。

f.随时清理车厢中旅客阅读过的报纸。

g.随时清理车厢通道或者旅客座椅上的杂物。

h.主动擦拭弄脏的壁板、行李架、旅客小桌板等。

②一等车

a.监控旅客用餐情况,及时回收旅客用完的餐盘,避免将餐食汤汁或碎末溅落在旅客身上。

b.主动协助旅客收起小桌板。

c.及时更换旅客座椅口袋中的清洁袋。

(4)盖毛毯(一等车)

①检查被子是否干净整洁,在服务间取下包装袋。

②根据车厢温度,主动为旅客盖上棉被或毛毯。

③毛毯上的动车组标志正面朝上,盖到腰腹部为宜,被子上部对折,旅客可根据需要自行拉至肩部。

④动作轻缓,避免打扰旅客休息。

(5)为睡觉旅客服务

①二等车

a.协助旅客关闭阅读灯、窗帘。

b.根据车内温度,替旅客轻轻盖上毛毯。

c.根据旅客休息情况调暗车厢灯光,告知列车长适当将车厢温度调高一些。

d.乘务员在车厢中走动时动作要轻,避免碰撞正在阅读报刊或休息的旅客,拉窗帘的动作要轻。

e.旅客躺卧休息时,主动提醒旅客头朝窗户方向,避免餐车或行人碰撞其头部。

f.旅客休息时及时收走小桌板或座椅口袋中的杂物,避免影响旅客休息;对于有水的水杯应及时收走以避免碰洒,等旅客醒后再为其提供。

g.给旅客发放报纸时,如遇到一排旅客睡觉无应答,乘务员可将报纸插在C、D座口袋内各一份,供旅客醒后阅读。

h.旅客睡觉时,实行"零干扰"服务。主动在旅客座椅前方贴上"休息卡",随时关注该旅客,待旅客醒后,及时询问旅客的需求。

i.对于旅客睡着时未使用的餐食,乘务员需要将旅客的热食先拿回服务间,做好标志之后放置在烤箱中保温,为该名旅客贴上休息卡,乘务员之间要做好信息沟通。当旅客醒后问及餐食去向时,乘务员需要向旅客做好解释并及时提供餐饮服务。

②一等车

a.根据车厢温度,轻轻盖上毛毯。

b.在不影响旅客情况下整理好地面、桌面及前排口袋中的物品,并收走旅客饮料杯,防止洒落。

　　c.随时观察旅客是否醒来,旅客睡醒后乘务员应马上为其提供热毛巾及一杯矿泉水,然后再问其需要喝什么饮料。

　　d.根据旅客休息情况调暗车内灯光、关闭车厢音乐。

　　e.实行"零干扰"服务,委婉阻止二等车厢旅客上一等车厢。避免乘务员及餐车频繁进出一等车厢。乘务员说话、动作要轻,避免碰撞休息旅客。

　　f.旅客用洗手间时及时迅速地整理一下旅客的座位,枕头、毛毯放整齐,待其用完洗手间后主动送上热毛巾。

　　g.打扫洗手间时需关上洗手间的门,避免冲水的噪声打扰旅客休息。

　　h.乘务员在单独回答一等车厢旅客问讯时,可以采取蹲式服务,音量以不影响其他旅客休息为宜;委婉提醒大声交谈的一等车厢旅客,避免影响其他旅客休息。

　　i.避免光线干扰。旅客休息时乘务员要及时拉上旅客旁的窗帘,不留缝隙,避免服务间光线过亮影响一等车厢旅客休息。

　　j.避免异味干扰。乘务员需保持口腔清新,避免口腔异味,可携带口香糖执行乘务任务(禁止在车厢中咀嚼口香糖)。保持洗手间卫生,打开通风口,及时喷洒香水;如部分车厢马桶异味较大,需及时盖好马桶盖。

　　k.避免碰撞旅客。巡视车厢时避免碰撞看报或休息的一等车厢旅客,如不小心碰撞旅客,应及时真诚的道歉;加强服务规范性,避免饮料、餐食等物品洒落旅客身上。禁止在一等车厢旅客身上递送物品。为旅客拉窗帘、盖毛毯等服务工作时动作要轻柔,避免碰撞旅客。

　　(6)巡视车厢

　　①二等车

　　a.旅客排队上洗手间或旅客把报纸伸出过道阅读时,乘务员需经过时应委婉要求旅客把过道让开,并及时向旅客道谢。

　　b.根据列车运行时间的长短,在巡视车厢时准备几杯水,提供给旅客。

　　c.委婉提醒大声喧哗的旅客,保持车厢的宁静。

　　d.加强与旅客的沟通交流。通过与旅客交谈,发放娱乐用具及《旅客征询意见表》等表格,消除旅途寂寞,更多发展动车组常客。发放表格时,除简明介绍外,同时为旅客打开阅读灯,提供圆珠笔。

　　e.等待部分旅客上车时车厢始终保持有乘务员巡视,询问阅读书报杂志的旅客是否需要打开阅读灯。

　　f.当洗手间洗手水出现故障时,乘务员应主动为旅客提供湿纸巾。

　　g.为旅客准备一些方便袋,供旅客放置未使用的餐盒及其他物品。

　　h.在车上供旅客使用的服务设施出现故障时,乘务员可以提前在出现故障的位置贴上一些有提示性并表示歉意语言的粘贴纸。

　　i.尽量满足旅客的合理需求。

　　j.及时处理旅客呼叫。

　　k.在车厢服务时,面对旅客,使用礼貌用语。

　　l.应及时问候常客,表示感谢,提供准确、及时的相关信息服务。

　　m.保持良好的精神风貌和训练有素的举止。

n. 耐心倾听旅客的各种抱怨,力所能及地满足他们的要求。

o. 避免谈论有争议的话题。避免与旅客长谈。

② 一等车

a. 目光始终不离开一等车厢的旅客,做到旅客开口前服务。

b. 旅客上洗手间时,乘务员应主动整理好报纸、毛毯、枕头、座椅口袋、鞋子、过道等,始终保持整洁的车厢环境。

c. 不影响旅客休息或办公的情况下,可加强与旅客的沟通与交流,满足旅客的心理需求,加深对列车服务的深刻印象。

d. 在进行到站广播之前及时将到达地的时间、天气、温度告知一等车厢旅客。如旅客正在休息,醒来后需为其单独预报。

e. 注意开关阅读灯、通风孔、窗帘,帮助调节座椅靠背及脚踏板,及时提供毛毯。

f. 尽量避免二等车厢旅客到一等车用洗手间打扰旅客,并注意进出服务间时拉门帘的动作一定要轻,服务时动作要轻,说话声音要轻,禁止乘务员在服务间或一等车厢大声喧哗。

g. 旅客不用的毛毯及时折叠整齐放在其座椅边缘;看完丢弃的报纸及时收走,未看丢弃在旁的报纸及时插在旅客座椅前面口袋里。

h. 为一等车厢旅客准备《旅行小管家》上所列各种家居小用品,供旅客所需,增加眼罩、耳塞,使旅途用品更为完善。

i. 发现戴眼镜的旅客眼镜片、鞋子等物品较脏时,主动为其擦拭干净。

j. 到站时,乘务员提醒旅客,手机、眼镜等小件物品注意放好。

k. 从乘务员座椅起身时应用手轻轻按压座椅,避免座椅猛烈弹起发出声响。

【模拟训练4-26】 拒绝拍摄

由同学分别扮演旅客和乘务员,旅客对乘务员进行摄像、拍照,被乘务员发现,乘务员该如何对待?

训练提示:

①适当采取回避的态度,避免正对镜头。

②委婉提示旅客除对乘务员进行拍摄外,可自由在车厢内进行拍摄留念;乘务员服务工作结束后,有时间的话可以一起合影。

③在做好自我防护的同时应注意讲话方式和态度,有礼有节,不得强夺旅客摄像器材进行删除或曝光。

(三)终到站及折返站作业服务技能技巧

1. 归还衣物

(1)二等车

及时归还旅客寄存的衣物,严禁错拿错还。

(2)一等车

①在服务间取下衣架,逐件归还,严禁错拿错还。

②如到达站天气炎热,可征求旅客意见,大衣、外套等衣物是否可以折叠好后装入干净的毛毯袋中或协助旅客装入随身行李袋中。

③根据外部天气状况,提醒旅客是否需要更换衣物。

2. 送客

(1)二等车

①旅客下车时主动为个别手捧行李、物品的旅客提供毛毯袋,方便提取。

②主动搀扶老弱病残旅客下车,并与车站做好交接工作。

③提醒旅客携带好随身物品。

④旅客提取塑料兜下车时,乘务员应主动提供毛巾,避免旅客勒手。

⑤送客时对行李较多的旅客应提供适当的帮助。当其堵住车厢通道时,主动迎上前帮助提拿行李,如旅客的小包肩带掉落,应帮忙扶好。

(2)一等车

提醒旅客是否已带齐所有的行李和随身物品,主动协助旅客提取行李物品。

(四)重点旅客服务技能技巧

1. VIP 旅客

(1)了解 VIP 旅客职务、服务喜好等信息,提供个性化服务。

(2)旅客上车时,及时为旅客挂好衣物,注明座位号、到达站。

(3)列车长代表车组向旅客致欢迎词,表示为其服务深感荣幸,并竭诚为其服务。

(4)主动询问随行人员了解 VIP 旅客饮食喜好及用餐情况。

(5)主动介绍供餐程序和餐食品种,征求旅客意见,确定用餐时间。

(6)旅客需要休息时,应主动提供帮助。旅客睡醒要及时送上热毛巾和茶水。

(7)在乘车中,尽量减少对客人的不必要打扰。如旅客不需要提供服务,乘务员之间应做好交接工作,避免重复询问。

(8)就座二等车厢 VIP 旅客,乘务员仍应提供服务,主动提供热毛巾、报纸及告知到达站的信息。

(9)送客时帮助旅客提拿行李交接给接站人员或随行人员,并真诚道别,期待以后能够继续为其服务。

(10)与 VIP 旅客聊天时,话题避免涉及商业机密或政治方面的话题。

2. VIP 随行

(1)不要忽视 VIP 旅客随行人员,各项服务应优先于普通旅客。

(2)随行为 VIP 旅客关系密切的人时,征得列车长同意,有空座的情况下可征求 VIP 旅客意见,安排其在一等车厢就座。

(3)主动为随行人员提供报纸、饮料等服务。

(4)随时与随行人员沟通,适时为 VIP 旅客提供相应的服务。

(5)列车长及乘务员需随时观察和询问随行人员对列车服务质量的满意度。

(6)VIP 的随行人员下车时列车长也需主动与接站人员做好交接工作。

3. 孕妇

(1)孕妇上车时,主动帮助提拿、安放随身携带物品,注意调节通风口。

(2)提供毛毯垫在小腹下,应多提供几个清洁袋,主动询问孕妇乘车感受,随时给予照顾。

(3)下车时乘务员可协助旅客提取行李,并送至车门口。

4. 儿童(5~12 岁)

(1)儿童上车时需弯腰,表示欢迎及爱护;对于首次乘车的儿童,要告知其陪同人在列车运行期间不要让孩子随便跑动,以免发生危险。

（2）根据车上现有条件提供一些儿童喜欢和感兴趣的读物、玩具等。

（3）主动为婴儿提供枕头垫其头部,关闭通风孔防止吹风。

（4）主动帮助带婴儿的陪同人提拿随身携带物品并安放（事先提示旅客把婴儿要用的物品取出,放在便于拿取的位置）。

（5）用餐时,提醒旅客注意小桌板上的饮料（尤其是热饮）,避免泼洒到婴儿身上。同时,主动询问大人是否需要为婴儿准备食物,需不需要冲奶粉,什么时候冲,有无特殊要求等,用小毛巾或餐巾纸将冲好的奶瓶包好,递给婴儿的母亲。

（6）提供饮料服务时需提供给监护人后再转给儿童或婴儿,冷饮服务需同时提供吸管。

（7）带婴儿的旅客需要乘务员的时刻关注,但除非旅客请乘务员帮忙,否则乘务员不要主动去抱婴儿。

（8）帮助旅客在洗手间给婴儿换尿布,如没有婴儿护理台可以在坐椅上换。为了不影响其他旅客,可在乘务员座椅上铺上毛毯,准备好清洁袋。换完后请母亲洗手或用热毛巾擦手。

（9）到站后,帮助婴儿的陪同人整理好随身携带物品并帮助提拿送下列车。

5. 老人

（1）老年旅客上车时,需主动上前搀扶并送到座位上。

（2）老年旅客腿部容易怕冷,应主动提供毛毯。帮助盖毛毯时应注意把脚、腿盖上或适当垫高下肢。

（3）由于老年人听觉较差,对于广播经常听不清楚,乘务员应主动告诉广播内容和介绍车厢服务设备、洗手间的位置。

（4）为老年人提供饮料时,应适当提高声音,主动介绍饮料品种,提醒旅客哪种饮料含糖分。老年旅客需要橙汁时,应主动提醒旅客橙汁是微酸的。

（5）老年旅客在用餐时,主动为其打开餐盒及刀叉包。

（6）旅途中,经常看望,主动问寒问暖。工作空余时多与他们交谈,消除老人寂寞。

（7）主动帮助老人或没带老花镜的旅客填写意见卡等。

（8）到达目的地提醒老人别忘记所携带的物品,搀扶其下车,与接站人员做好交接。

（9）如老人需要用洗手间,应及时满足并帮助放好马桶垫纸。

6. 肥胖旅客

（1）上车时安排其先入座,主动协助安放行李。

（2）在条件允许的情况下,主动为其调换到比较宽松的座位。

（3）肥胖旅客一般比较怕热,乘务员需主动调节车厢通风孔,提供湿毛巾或冰水,降低其体温。

（4）尽量避免安排在靠近过道的座位,以免影响周围旅客进出。

7. 伤残旅客

（1）将旅客安排在离车门口较近的位置,主动搀扶协助其坐好。

（2）旅客就座后,应主动送上枕头或毛毯,垫在受伤者的胳膊下。

（3）对于有脚伤、腿伤以及其他下肢伤残旅客,就座时应及时用小纸箱等物品协助垫高下肢,尽量使其感觉舒适。

（4）乘务员在为残疾旅客（特别是刚受伤的旅客）服务的时候,可通过同行的旅客来了解其需要;服务时应保持正常的心态,以免伤其自尊心。

(5)在供应饮料和餐食时,帮助放好小桌板;在征得同意后,主动帮助将肉食、水果等切成小块,让他用叉子吃。

(6)旅客用洗手间时应主动搀扶。

(7)征询旅客意见,下车是否需要轮椅,待旅客下车并交接给接站人员时服务才算结束。

8. 晕车旅客

(1)轻声询问他们乘车前后的情况及有无晕车史,并加以安慰。

(2)主动提供热毛巾、温水(漱口)及清洁袋,建议解开过紧的领带或衣领扣。

(3)下车时,主动帮助提拿行李并搀扶下车。

9. 聋哑旅客

(1)了解旅客到达站,及时提醒旅客已到目的地,并将目的地车站名称、到达时间、换乘车次及时间等信息通过手势或写字的方法告诉旅客。

(2)将车上设备使用方法、洗手间位置、餐饮品种等内容用手势或写字的方法告诉旅客。

(3)随时观察旅客需求,适时为旅客提供服务。

10. 初次乘车旅客

(1)主动介绍车上设备、洗手间等位置及使用方法。

(2)旅途中随时了解并询问需求,适时提供帮助。

(3)在为旅客提供餐饮时,向旅客介绍餐具是在餐盒里的。

11. 无人陪伴儿童

(1)为儿童旅客提供玩具、儿童图书及扑克牌、象棋、跳棋等文化娱乐用品。

(2)指派专人服务,随时关注并帮助儿童旅客。

(3)到站时,叫醒正在睡觉的小旅客并妥善照料。

(4)无人陪伴旅客的行李物品,下车时需与接站人员做好交接工作。

12. 使用拐杖乘客

要留意观察,当发现旅客要站立行走或上洗手间时,应尽快将拐杖递给他并热情搀扶引导。

13. 生日旅客

如果旅客提出要在列车上过生日,可为其致祝福广播,点播《祝你生日快乐》歌曲。

【模拟训练4-27】 重点旅客的服务

模拟列车在运行中,分别有老人、孕妇、带小孩的旅客、VIP旅客、晕车的旅客等重点旅客乘车,乘务员需根据不同的要求做好服务工作。

训练提示:

做好重点旅客的服务,乘务员应付出更多的细心和耐心。

复习思考题

1. 铁路旅客运输的服务理念有哪些?
2. 礼仪有哪些特点?
3. 礼仪的功能有哪些?
4. 客运服务人员在工作中的举止要求是什么?

5. 客运服务用语有哪些?
6. 售票服务有哪些基本的服务技能技巧?
7. 问讯处服务有哪些基本的服务技能技巧?
8. 列车上清扫卫生的服务技能技巧是什么?
9. 动车组列车旅客运输的服务理念有哪些?
10. 遇列车晚点时,动车组车站该如何处理?
11. 遇到在发车前旅客因抢占座位、行李架发生争执的,动车组列车该如何处理?

第五章 铁路旅客运输应急服务

在铁路旅客运输的过程中，突发事件类别多样，原因复杂。如果处理不果断、不及时，很有可能酿成严重后果。因此，站车旅客运输服务人员，一旦发现危及旅客运输的突发事件，都应高度关注，慎重对待，及时处置。

第一节 应急处置

一、应急组织

(一)组织原则

应急处置应按照"以人为本、安全第一、预防为主、统一领导、集中指挥、归口负责、分级管理、分工协作、快速反应、紧急处置"的原则，不断提高对动车组突发事件的应急处置能力，保证运行安全有序。

(二)应急响应标准

应急响应分为特别重大、重大、较大、一般4级（即Ⅰ、Ⅱ、Ⅲ、Ⅳ级）。

1. Ⅰ级应急响应标准

出现以下情况之一，启动Ⅰ级应急响应：

(1)造成30人及以上死亡或者100人及以上重伤；

(2)铁路直接经济损失1亿元及以上；

(3)中断铁路行车48h及以上；

(4)其他需要启动Ⅰ级应急响应的事件。

2. Ⅱ级应急响应标准

出现以下情况之一，启动Ⅱ级应急响应：

(1)造成10人以上及30人以下死亡或者50人以上及100人以下重伤；

(2)铁路直接经济损失5000万元以上及1亿元以下；

(3)中断铁路行车12h以上及48h以下；

(4)其他需要启动Ⅱ级应急响应的事件。

3. Ⅲ级应急响应标准

出现以下情况之一，启动Ⅲ级应急响应：

(1)造成3人以上及10人以下死亡，或者10人以上及50人以下重伤；

(2)铁路直接经济损失1000万元以上及5000万元以下；

(3)中断铁路行车6h以上及12h以下；

(4)其他需要启动Ⅲ级应急响应的事件。

4. Ⅳ级应急响应标准

因突发事件造成以下条件之一者，启动Ⅳ级应急响应：

(1)造成3人以下死亡,或者10人以下重伤;
(2)铁路直接经济损失1000万元以下;
(3)中断铁路行车1h以上及6h以下;
(4)其他需要启动Ⅳ级应急响应的事件。

(三)应急响应启动

发生突发事件时,由相应部门启动应急预案,作出相应级别的应急响应。

1. Ⅰ级应急响应

Ⅰ级应急响应由铁路总公司报请国务院,由国务院或国务院授权铁路总公司启动。铁路局同时启动应急响应。

2. Ⅱ级应急响应

Ⅱ级应急响应由铁路总公司负责启动,铁路局及以下各级相关单位启动相应级别的应急响应,铁路局立即启动事故灾害指挥,采取事故灾害应急行动。铁路局应急领导小组实施对管内应急工作的统一领导。

3. Ⅲ级和Ⅳ级应急响应

Ⅲ、Ⅳ级应急响应由铁路局负责启动,铁路局及以下各级相关单位同时启动应急响应。铁路局应急领导小组实施对管内应急工作的统一领导。

二、动车组旅客列车应急处置程序

(一)动车组列车发生火灾、爆炸时的应急处置程序

(1)动车组列车工作人员(含司机、随车机械师、乘警、客运、餐售、保洁等人员,下同)发现或接到旅客反映车厢内有爆炸、明火、冒烟或消防设施报警时,应立即到现场查看、施救并通知列车长。列车长接到通知后,应会同随车机械师、乘警根据具体情况,采取相应的措施进行处置。在扑救火灾时,列车乘务人员应保护好现场,并采取措施做好宣传工作,稳定旅客情绪,维持秩序,以免发生混乱。

(2)在确认爆炸后,列车工作人员应立即使用紧急制动阀停车并按下火灾报警按钮(火情小能处置的可不使用制动阀),同时列车长(或随车机械师)立即通知司机。停车后,司机应立即向行车调度员或车站值班员(车务应急值守人员,以下同)报告,配合列车长、随车机械师、乘警进行火灾扑救、旅客疏散等工作。有制动停放装置的由司机负责实施防溜;无制动停放装置的由随车机械师做好防溜、防护工作。

(3)列车长应立即指挥列车所有的工作人员进行处置,乘警、随车机械师等列车工作人员应积极配合;同时组织事故车厢的旅客向其他车厢疏散。

(4)待全部人员向安全车厢疏散完毕,火势仍未得到有效控制,需向地面疏散时,列车长应立即通知司机、随车机械师或其他列车工作人员关闭通道阻火门。司机根据列车长的请求,向行车调度员报告,请求向地面疏散,现场救援。

(5)组织旅客疏散时,必须扣停邻线列车。司机在接到行车调度员已扣停邻线列车的命令后,立即通知列车长,列车长接到司机通知后应立即指挥列车工作人员打开车门,根据需要安装好应急梯,组织旅客向地面安全地带疏散。

(6)列车工作人员应组织好旅客有序疏散,并照顾好重点旅客确保人员安全。

(7)要动员旅客中的医护人员和列车工作人员对受伤人员开展紧急救护,并做好对重点旅客的服务工作。

(8)列车工作人员应积极配合公安部门保护好事故现场,协助公安人员调查取证。

(9)如遇火灾危及旅客安全,又未能及时接到扣停邻线列车的命令,列车长应会同司机,组织列车工作人员打开运行方向左侧车门(非会车侧),结合现场实际,确定旅客疏散方向和疏散方式,列车工作人员应做好旅客安全宣传和防护,严禁旅客跨越线路。

(10)遇上述应急状况发生时,由调度所客运调度员(客服调度员)通知客服中心解答口径,以便客服代表回复旅客的咨询和投诉。

(二)动车组列车晚点的应急处置程序

(1)动车组在始发及运行途中出现故障晚点时,列车长要及时联系铁路局动车调度,了解晚点原因等,报告车内情况和请求协助解决的问题,组织乘务员积极主动做好服务工作。路局动车调度根据自然灾害、设备故障、施工等情况将晚点原因及预计晚点时间在30min内通知客运处在调度台负责非正常处理的人员,客运处人员向值乘列车长告知晚点原因和预计晚点时间,列车长据此通过广播向旅客告知故障原因和预计晚点时间。晚点15min以上时,列车长应向旅客致歉并告知故障原因,做好解释工作。乘警应与列车长密切配合,经常巡视车厢,维持好车内治安秩序。列车长要了解和掌握旅客提出的要求,并向路局进行反馈,路局及沿途站车单位应尽全力向旅客提供帮助,解决因列车故障及晚点给旅客带来的困难。

(2)列车工作人员应加强车厢巡视,掌握旅客动态,并做好宣传、解释、服务工作,稳定旅客情绪,维护好车内秩序。

(3)列车晚点1h以上且逢用餐时间,列车长应提前统计车上旅客人数,通过司机向行车调度员报告,行车调度员通知调度所客运调度员(客服调度员),或直接向调度所客运调度员(客服调度员)报告,调度所客运调度员(客服调度员)接到信息后,应安排前方停车站为列车提供饮食品(列车免费为旅客提供)。

(三)动车组列车发生重大疫情时的应急处置程序

(1)动车组列车发现疑似鼠疫、霍乱等重大疫情的病例或接到动车组列车上有疑似病例的通知时,列车长、乘警应立即向司机和上级主管部门报告,司机向行车调度员报告,行车调度员立即向值班主任报告,值班主任立即向铁路疾控部门报告。

(2)行车调度员根据铁路局有关部门确定的处置方案,安排动车组在指定车站停车。列车长接到司机指定站停车的通知后,做好疾控人员上车和疑似病例交站等相关准备工作,车站及铁路疾控部门做好接车紧急处置准备。

(3)列车长、乘警应组织隔离传染病人、疑似病人和密切接触者,紧急疏散其他旅客,并对有关人员进行登记。

(4)列车长、乘警应组织封锁已经污染或可能污染的区域,同时做好被隔离人员的交站准备。

(5)列车长在指定停车站将传染病人、疑似病人、密切接触者和其他需要跟踪观察的旅客及相关资料移交车站和铁路疾控部门。

(6)乘警应维护好车内秩序,确保区域封锁、旅客隔离、站车移交等工作正常开展。

(7)铁路疾控部门应上车对已经污染或可能污染的区域进行消毒。铁路疾控部门确认处置完毕后,方可解除区域封锁。

(8)站车应积极配合现场的医疗和疾控部门工作。

(9)遇上述应急状况发生时,由调度所客运调度员(客服调度员)通知客服中心解答口径，以便客服代表回复旅客的咨询和投诉。

（四）动车组列车发生旅客食物中毒事件时的处置程序

（1）动车组列车发生旅客疑似食物中毒事件，列车长应立即向司机和上级主管部门报告，司机向行车调度员报告，行车调度员立即向值班主任报告，值班主任通知铁路疾控部门。

（2）旅客需要在停站紧急救治处置时，列车调度员应安排动车组在最近具备医疗抢救条件的车站停车，并通知前方停车站做好抢救准备。

（3）列车工作人员应对有关人员进行登记，封锁现场，封存可疑食品、饮用水、食具用具等。铁路疾控部门应上车收集中毒人员的呕吐物、排泄物待查。

（4）站车应积极配合现场的医疗和疾控部门工作。

（5）遇上述应急状况发生时，由调度所客运调度员（客服调度员）通知客服中心解答口径，以便客服代表回复旅客的咨询和投诉。

（五）动车组列车故障需启用热备动车组的应急处置程序

1. 站内换乘热备动车组的处置程序

（1）遇动车组车体定员变化时，客票管理所负责预留替换席位，车站应及时按照替换方案为涉及定员变化的旅客收回原票、换发新票。一等座变更二等座时退还票价差额；二等座变更一等座时不向旅客补收票款。旅客要求退票或改乘其他列车时，车站应及时为旅客办理退票、改签等手续。

（2）故障车停靠站台时，换乘时应尽可能安排在同一站台面；不能在同一站台面换乘时，应组织旅客通过天桥或地道换乘，严禁跨越股道换乘。故障车在站内没有停靠站台时，换乘处置程序比照区间换乘热备动车组的处置程序办理。

（3）换乘时，站车应认真组织验票，严禁持其他车次车票的旅客上车。

（4）遇上述应急状况发生时，由调度所客运调度员（客服调度员）通知客服中心解答口径，以便客服代表回复旅客的咨询和投诉。

2. 区间换乘热备动车组的处置程序

（1）列车长接到司机转达的组织旅客换乘热备动车组的命令时，应立即向列车工作人员传达；列车工作人员应检查车内情况，坚守岗位。

（2）列车应向旅客通告换乘的决定，告知安全注意事项，并对列车不能如期运行给旅客出行造成的不便，列车长应代表铁路部门向旅客致歉，并感谢旅客的配合，做好后续服务工作，取得旅客的支持与谅解。

（3）救援动车组列车到达指定位置，由现场救援指挥负责人统一指挥，救援动车组司机和列车长负责对准故障动车组车门。救援动车组停稳后，救援动车组司机通知救援动车组列车长和被救援动车组列车长；救援动车组列车长与被救援动车组列车长联系确认后组织乘务组人员手动打开指定车厢车门（随车机械师配合），放置好过渡板（CRH5A型动车组无应急梯或渡板），会同公安、客运等应急人员共同做好防护、组织旅客有序换乘。对由于线路、动车组重联等无法实现各车厢车门对位时，应使用应急梯。安设2个及以下应急梯或渡板时，救援动车组列车长负责组织放置；放置超过2个应急梯或渡板时，救援动车组列车长负责组织放置2个，被救援动车组列车长负责组织放置其他应急梯或渡板。

（4）换乘过程中，动车组禁止移动。旅客换乘完毕，被救援动车组列车长组织乘务组人员对全列进行检查确认后，通知救援动车组列车长换乘完毕。救援动车组列车工作人员将应急梯或渡板收好定位存放，列车长确认所有工作人员及旅客均已上车后，关闭车门并报告救援动车组司机具备开车条件。被救援动车组乘务组人员将应急梯或渡板收好定位存放，关闭车门并报告被救援动车组司机。

（5）在隧道内换乘时，列车调度员通知相关工务段操作开启隧道内的应急照明装置（龙嘉机场隧道内应急照明装置为龙嘉站操作），隧道内的应急照明装置应设置远动开关。

（6）遇上述应急状况发生时，由调度所客运调度员（客服调度员）通知客服中心解答口径，以便客服代表回复旅客的咨询和投诉。

（六）恶劣天气下客运组织应急处置程序

因恶劣天气（含暴雨、大雾、大雪、冰雹、台风等）影响动车组列车正常运行，调度所客运调度员（客服调度员）应及时通知客运管理部门及沿线车站及滞留列车，客运管理部门应了解现场情况，指挥应急处置，站车及时公告旅客并致歉。

（1）列车长接到调度所客运调度员（客服调度员）或上级主管部门动车组列车因恶劣天气影响非正常运行的通知后，应立即了解车内情况，加强对重点旅客的服务。出现异常情况及时向调度所客运调度员（客服调度员）或上级主管部门报告。

（2）列车长应与司机或滞留地所在路局调度所客运调度员（客服调度员）保持联系，了解动车组列车的运行情况，及时向旅客通报。

（3）动车组列车应备足餐食和饮用水，确保供应。需补充餐食和饮用水时，列车长应向滞留地所在路局调度所客运调度员（客服调度员）或通过司机向列车调度员报告，指定车站为动车组列车补充餐食和饮用水。

（4）遇上述应急状况发生时，由调度所客运调度员（客服调度员）通知客服中心解答口径，以便客服代表回复旅客的咨询和投诉。

（七）动车组空调失效时应急处置程序

（1）动车组空调装置故障超过20min，且应急通风功能失效或无法满足要求，随车机械师及时通知列车长。列车长视车内温度及通风情况作出打开车门决定，并通知动车组司机转报行车调度员。

（2）需要打开列车部分车门运行时，列车长通知动车组司机向列车调度员提出在前方站停车请求。

（3）列车长根据动车组乘务人员配置情况，组织打开运行方向左侧（非会车侧）4~8个车厢前门，并在车门处安装防护网。需要打开车门时，列车长根据需要打开车门数量通知随车机械师准备好防护网，并指派保洁员到存放处领取防护网，防护网的安装在列车长的组织下，由乘警、随车机械师、餐售、保洁人员配合。

（4）防护网安装后，由列车长组织乘警、随车机械师、添乘干部、餐售、保洁人员负责值守，严禁旅客自行下车。动车组乘警在第一时间通知前方停车站（区间）所属公安部门，由公安部门负责第一时间通知停车站（区间）所属公安派出所指派警力，配合动车组乘警工作。

（5）列车长确认值守人员到位后，通知随车机械师。随车机械师确认防护网固定状态和动车组状态后，通知动车组司机。动车组司机向行车调度员申请打开车门限速运行的调度命令。行车调度员向沿途各站及司机下达"××次因空调失效开放部分车门运行，限速60km/h（通过高站台时限速40km/h运行）"的调度命令。

（八）运行途中旅客急病（伤害）须停车抢救时应急处置

（1）迅速到场：列车上有突发旅客急病时，列车长第一时间到场，同时通知乘警到场。

（2）了解情况：列车长及时了解急病或伤害旅客主要症状，掌握发病时间、有无同行人等情况,询问病人有无病史。

(3)积极救治:寻找医务工作人员配合救治旅客。

(4)请示停车:在危及旅客生命安全或必须立即下车治疗时,列车长向司机报告,司机接到列车长的请求后,立即向行车调度员或车站值班员报告,请示临时停车移交旅客并要求行车调度、车站联系救护车进站接患事宜。同时,向段调度室报告情况。

(5)收集旁证:列车长应会同乘警收集旁证、物证,调查受伤(死亡)原因。采集见证人证实材料不少于2份,对参加抢救医生的姓名、单位、电话进行登记,根据有效证件确定伤亡者姓名、单位、住址。

(6)站车交接:列车长编制客运记录与旅客下车站进行交接。列车乘务人员不下车参与处理。特殊情况,来不及移交相关材料的,3日内向受理车站补交。

(九)对座位号有误旅客的安排处置

(1)遇有重号的旅客,应认真核对两位旅客车票,如果确认是重复的座位号码,应先向旅客致歉,听取两名旅客的意见,观察哪一名旅客有想调换其他座位的意向。

(2)乘务员应及时报告列车长,列车长根据旅客人数判断同等级车厢是否有空座,尽量安排旅客尽快就座。不要让旅客自行在车厢内找空位就座,以免造成旅客座位号码再次重复而引起不满甚至导致投诉等。

(3)车内旅客较多,不便当时处理的,乘务员可以帮助重号旅客(或后到的重号旅客)提拿行李,到服务间内稍加等候,等全部旅客上齐后,让重号旅客在相同车厢等级的基础上,协助旅客选择空余座位入座。

(4)确定旅客人数不是很多的情况下可征求旅客的意见,喜欢就座靠过道还是靠窗户的座位,尽量满足旅客要求。

(5)如在开车后发现车站售票系统故障导致售票错误(重号、超票额售票)时,应对误售旅客利用剩余座位进行妥善安置(可不受车厢、席别限制),主动向旅客做好解释工作,并向路局客运调度汇报。

(6)属于售票系统较大故障不能正常按票额发售有座位票,导致旅客乘车秩序混乱(车票无座号、无票人员较多时),列车长要以大局为重,积极与车站联系,组织列车工作人员(必要时可请乘警、保洁人员协助),有条件每车厢一人,对旅客进行疏导,安排座位,要首先保证重点旅客的安置。遇车内出现严重问题或局面不好控制时要及时向路局汇报。

(十)动车组列车发生旅客误按紧急制动阀或报警按钮的应急处置

(1)动车组列车发生旅客误按紧急报警按钮时,列车乘务员应了解情况,根据乘车信息系统显示,及时将紧急阀复位(吸烟报警时,列车长第一时间到场确认,并及时与司机沟通情况)。

(2)通过车载电话与司机说明情况,说明停车原因。

(3)连同乘警了解当事旅客姓名、地址、身份证号码、联系电话和事情经过,并形成详细的书面记录。

(4)及时了解停车后车厢旅客情况,发生旅客意外时按照因意外造成旅客伤害处理。

(5)及时向单位领导汇报。

注:因吸烟引起报警的应急处置程序同上。

(十一)动车组列车发生旅客集体拒绝下车的应急处置

(1)车站在接到因动车组列车晚点旅客集体拒绝下车的信息时,车站站长(副站长)及有关车站骨干要立即赶到现场,了解情况,亲自指挥,立即组织部署客运、公安增加人员接车。

(2)公安段(派出所)在接到车站通知后,要立即组织足够力量到现场维持秩序。

(3)动车组列车晚点到达后,车站应组织有关人员向旅客做好耐心的解释工作,尽快组织旅客下车出站;对拒绝下车的旅客,全力做好劝说工作,请旅客下车到专门地点进行处理。

(4)列车工作人员应协助车站工作人员做好说服解释工作。

(5)因晚点造成旅客没有赶上所乘列车时,车站安排人员及时为旅客按章办理改签、退票手续。

(6)旅客因晚点集体拒绝下车事件处理情况,车站应及时向客运调度汇报,处理完毕向客运处汇报。

(7)处理发生旅客滞留列车时应注意的问题:

①发生旅客以滞留列车的方式向铁路客运企业要求晚点或空调故障赔偿时,站车工作人员应当以说服劝解、诚恳道歉为主,耐心细致地做好解释工作和相关法律法规的宣传工作,稳定情绪,化解怨气,力争取得旅客的理解和配合。

②公安部门要积极配合客运部门,认真开展滞留旅客的说服工作,争取理解和支持。同时,要向旅客宣传法律知识,告知可以通过其他合法渠道和方式维护合法权益,劝说旅客听从车站工作人员的安排到指定地点协商解决,并协助车站工作人员引导旅客下车。

③公安部门在全力协助过程中,严禁携带枪支。客运部门在宣传和说服旅客离开车厢时,现场应有公安人员维持秩序,经反复做工作劝离无效时,公安人员应宣布《关于严禁旅客滞留列车维护铁路运输秩序和安全的通知》,并组织足够的公安警力,对拒不下车的人员依法采取措施带离车厢。对煽动旅客滞留车厢和扰乱列车治安、破坏铁路运输秩序,用暴力手段对抗执法的个别人员,要认真调查取证,依法追究法律责任。劝阻中要依法依规,有理有节,文明执法。

(十二)动车组列车车门发生故障的应急处置

(1)列车到站,司机操作门释放和开门按钮后,要从司机室 IDU 上确认全列车门是否"释放"打开;如未"释放",及时使用对讲机通知列车长,列车长通知各车门监控人员使用三角钥匙采取本地操作的手动模式开、关车门。

(2)列车到站如发生个别车门未自动开启,且监控人员使用三角钥匙本地操作的手动模式开门无效时,监控人员及时使用对讲机通知列车长,并宣传引导旅客到相邻车门下车。列车长接到汇报后,立即与司机联系,并与随车机械师赶到现场处理。随车机械师确认车门故障一时无法修复时将该门隔离并通知列车长,此后各停靠站均引导旅客到相邻车门上、下车。随车机械师确认车门修复后告知列车长,列车长确认旅客乘降完毕后通知司机发车。

(3)列车开车如遇有车门未自动闭合时,比照上面两条汇报处置程序办理。

(4)因车门故障导致旅客越站时,列车长按规定与车站办理交接,无须下车处理后续事宜。

(5)因车门故障导致旅客无法正常上下车时,由列车长、乘警、列车工作人员配合,认真开展旅客的宣传安抚工作,劝导旅客保持冷静、看好行李、听从站车工作人员的指挥。

(十三)动车组列车临时停靠低站台时的应急处置

1. 列车的处理

(1)动车组列车进站前或已知列车在中间站变更到发线停车在低站台停车时,列车乘务员应认真进行车门瞭望,确认站台位置和车站采取的应急措施后,打开车门后列车乘务员要先行下车立岗,方可组织旅客乘降,保证旅客安全。

(2)遇特殊原因,列车需在无站台停车或列车尾部未靠站台停车时,列车乘务员要先确认邻线有无列车通过、有无危及人身安全障碍物和车站采取的应急措施后,在有车站工作人员接车的一侧组织旅客乘降,打开车门后列车乘务员要先行下车立岗,保证旅客安全。

2. 车站的处理

(1)车站应按动车组车门数量配备相应数量的木梯,梯面加装橡胶防滑垫,妥善保存以备应急。

(2)车站运转室接到动车组进入低站台的通知后,应立即通知值班站长和客运广播室,广播室要加强与运转集中楼联系,确认动车组列车进入股道及停靠站台,并及时通知客运值班干部及有关作业人员。

(3)接到通知后,车站值班干部、客运值班员、执勤民警及其他人员要做好接车前的各项准备工作,提前20min上岗,到达指定位置,并巡视责任区范围内站台、线路有无闲杂车辆、物品、人员,做到清理及时。

(4)客运接车人员上岗要携带便于旅客上下的木梯等备品,根据停车标,确定木梯放置位置,做好旅客乘降的准备工作。

(5)检票口要做好对旅客的宣传组织工作,检票前告知旅客动车组即将停靠的站台,宣传低站台上车注意事项,检票后要有专人引导旅客到达指定站台。

(6)客运接车人员对进入站台等候上车的动车组旅客要按照停车位置组织排队上车。列车进站前、停稳后放好扶梯,协助旅客上下。

(7)旅客上下完毕要及时撤走木梯,将乘降梯撤离至安全线以外,防止木梯掉下站台危及行车安全。

(8)遇雨、雪、雾不良天气,接车客运干部要做好必要的防护准备。

(9)动车组在低站台停靠时,客运值班干部必须亲自上岗指挥,盯控作业全过程,确保旅客乘降安全。

(十四)动车组列车运行中发生事故,旅客需紧急逃生时的应急处置

(1)列车停车后,在车门能正常开启时,列车长立即通知司机,由司机打开所有靠线路外侧的车门;在列车断电、司机无法操纵打开车门时,由列车长组织列车工作人员手动解锁开门。

(2)列车长迅速组织工作人员按照分工,在每个车门处进行防护,组织旅客下车。

(3)在车门不能正常开启时,列车长迅速通过广播(因断电无广播时,由列车人员在车厢中部位置)向旅客宣传疏散程序、安全注意事项;工作人员迅速组织旅客使用安全锤击破紧急逃生窗,组织旅客撤离车厢。

(4)事故中发生人员伤亡时,列车长要及时安排专人救助。

(5)所有旅客撤离车厢后,列车工作人员组织旅客沿线路外侧向安全地带转移,将旅客安置在安全地带等待救援,同时做好安全宣传、引导工作。乘警负责在旅客疏散过程中的防护警戒工作。

(6)应急处置后,列车长应及时向客服调度、客运段汇报;客服调度、客运段接事故报告后,立即组织开展后续救援工作。

(十五)动车组防止旅客过站应急处置

(1)动车组中途站站停时间短(1min),为确保旅客安全、有序乘降,防止将下车旅客拉过站,在列车始发后5min和中途站到站前10min进行广播宣传、提示。

(2)不相邻的单节车厢(如3、5、7车),中途站下车旅客超过20人时,列车长在到站前10min核实各节车厢车门口下车人数后,要求乘务员、机械师对旅客下车多的车门重点掌握;到站前5min,将车门下车多的旅客分流到本车厢两端的下车门。下车旅客超过30人时,应将车门下车多的旅客分流到本节车厢和前后相邻车厢的下车门,尽可能做到合理分流均衡下车。

(3)相邻的多节车厢(如3、4、5车),中途站下车旅客均超过20人或全列中途站下车旅客超过120人时,列车长应根据各车厢在中途站的下车旅客人数,制定疏导旅客均衡下车的分流预案:在到达中途站前30min,通知乘务员必须在到站前10min内,按预案要求,将责任车厢的下车旅客,按告知的人数分流引导到指定车门等候下车;同时用电话向有关中途站(客运室、客运值班主任)通报各车门旅客下车人数,要求车站协助妥善组织乘降,避免旅客对流。

(4)列车长在动车组到站前10min,利用2号车厢的车载电话向旅客通告到站和站停时间,提示旅客做好下车准备及有关注意事项;按第2、3条规定的分流原则将下车旅客组织到车门口等候下车,对下车的重点旅客提供重点帮助。

(5)列车长通告完成后,由1号车厢向8号车厢方向,逐车厢检查巡视乘务员分流到岗情况和下车旅客均衡度,对下车旅客相对集中的车厢安排人员,加强组织力量,做好疏导工作,向列车员和机械师做好提示。

(6)列车乘务员、机械师按分工到岗,停靠低站台时将车门翻板打开并加锁,站在车厢的中部,监控两端车门,观察旅客乘降情况,随时处理突发问题。车门集控失灵时立即手动解锁车门。

(7)列车站停40s旅客仍未乘降完毕,列车乘务员应用对讲机向列车长报告,用语为"××车仍有××人未下车",列车长回答"明白";列车长在确认全列乘降完毕,并已站停50s的情况下,按规定的程序、用语通知司机关闭车门。

三、高铁车站应急处置程序

(一)车站旅客应急乘降方案

应急乘降方案是针对外部环境发生突变的情况下制订的,在运输生产的关键时刻,往往起到重要作用。

1. 始发列车晚点

由于外部原因造成列车始发晚点时,要尽量减少拉队情况的发生;同时宣传、解释、疏导要到位,用真诚的语言赢得旅客的理解和配合。放行有困难时,可两端放行,拉队到中央检票厅。如果晚点时间较长,影响其他列车放行的,可安排在大厅候车并在大厅就地检票。在大厅排队时,放置好方向牌,并由专人盯好队头队尾。放行地点发生变化时,原检票地点要留人坚守岗位,随时接应后续到达旅客。

2. 列车集中晚点或发生紧急情况

列车集中晚点或发生紧急情况,请示站长,利用站前广场组织排队,专用通道迂回进站。队头队尾分别放置方向牌设专人看队。放行时加强宣传引导,保证安全。

3．出站口因特殊情况列车晚点集中到达时

出站口因特殊情况列车晚点集中到达时，利用专用通道出站，以减少出站口的压力，并实行放行为主、堵漏保收为辅的措施，确保旅客出站安全。

4．应急乘降方案的实施

应急乘降方案的实施必须有相应的要求加以保障。如对应急情况下的员工日常培训、人员的及时调整和公安干警的大力配合等。对于应急乘降方案的安排，要组织车站职工认真学习，责任落实到人，一旦发生异常情况，要能及时到岗到位，使每一位铁路旅客都能走得了、走得好，使铁路运营企业在市场竞争中立于不败之地。

（二）发生行车中断，车站对滞留旅客的组织处置程序

发生旅客列车大面积晚点、线路中断，直达特快列车晚点时间超过30min，其他旅客列车晚点时间超过1h，致使旅客滞留车站、列车上或旅客反映强烈时，车站应做好客运组织工作。

（1）车站值班员应迅速报告车站站长。

（2）站长应迅速启动预案，组织全体人员迅速到岗，维持好秩序。

（3）站长应迅速将旅客滞留和列车滞留情况向上级报告，同时将滞留原因及时通告相关列车。情况紧急时，向地方政府报告，请求救援。

（4）要积极做好旅客的饮水及食品供应工作。对站内旅客大量集结的情况，要合理有序安排候车能力，留好通道。

（5）加强广播宣传及列车运行信息公告，积极有序地组织旅客按照《铁路旅客运输规程》的规定办理退票、车票改签工作。

（6）积极配合滞留站内的列车维持好车内秩序，必要时配合列车组织旅客疏散到车站安全地带候车。

（7）受阻旅客列车在站停留期间，车站主要负责人等有关人员要坚守岗位，加强与列车长和上级有关部门的联系；根据现场实际与上级有关部门联系，及时处理解决现场发生的一切问题。保证信息渠道畅通，做到上情下达，下情上传。

（8）旅客列车受阻不能进行运行或停运时，车站应向旅客公告，并做好宣传解释工作，取得旅客的谅解。对折返发站和停运的旅客列车，沿途停车站要增派人力，备足周转金，快速为旅客办理退票、改签等手续。

（三）因天气不良或其他原因造成列车晚点时车站的应急处置程序

（1）因天气不良或其他原因造成动车组列车晚点，动车组候车室（或专用候车区）要利用广播做好解释和疏导工作。对晚点列车时间较长的，要安排好旅客。旅客列车晚点1h以内的，车站依据调度阶段计划、旅客列车依据实际情况，向旅客通报列车晚点时间。列车晚点超过30min的，站长应代表铁路客运企业向旅客道歉。向旅客通报时，车站广播每次间隔不超过30min，有条件的车站应提供实时电子显示电话时查询。

通报内容：列车当前晚点时间、晚点原因。发生线路中断时，还应通报预计恢复通车（继续晚点）时间和列车退行、绕行、停运等调整列车运行方案信息。

（2）当晚点列车较多，动车组候车室（或专用候车区）放行有困难时，要组织专人带队到检票口放行，以确保动车组列车有序乘车。

（3）由于特殊原因造成动车组列车停运时，要向旅客做好宣传解释工作，组织旅客办理退票手续。售票部门要提前准备好退票窗口和零钱，方便旅客在最短时间内办理退票手续。

(4)车站广播室在列车晚点时,按照规定播放站长的道歉广播词。例如"列车晚点耽误了您的旅行,我代表列车全体工作人员向您表示诚挚的歉意!"车站各部门要积极协调,为乘坐动车组列车的旅客提供信息。

(四)车站遇台风、暴雨等恶劣天气时的应急处置程序

(1)车站接到台风、暴雨等恶劣天气预报后,站长及时组织工作人员迅速到岗,加强站场巡视,检查客运服务场所的揭示牌、广告牌、挂钟等服务设施是否牢固,并安排人员准备沙袋等防洪设备。

(2)遇台风、暴雨等恶劣天气时,车站要及时向铁路局(集团公司)值班室、客运处汇报受灾情况以及旅客滞留情况。

(3)当候车室、地道等区域出现浸水时,车站组织力量及时采取堆垒沙袋设防等方式,防止雨水灌入。保洁工作人员应及时清理积水,并在候车室、天桥、地道等区域设置防滑警示,加强宣传,防止旅客滑倒摔伤。

(4)暴雨天气导致候车室、地道内积水时,车站应及时采取积水强排措施。

(5)因台风、暴雨等恶劣天气造成列车停运、晚点时,车站应迅速将列车停运原因、恢复运行时间等信息及时通过广播、揭示向旅客宣传,安抚稳定旅客情绪。并备足现金,增开退票窗口,积极有序组织旅客办理退票、改签手续。

(6)车站要积极做好旅客的食品、饮水供应工作。必要时,及时与地方交通部门联系,做好旅客分流疏散工作。

(五)车站突然停电的应急处置程序

(1)稳定情绪。车站突然停电,客运人员应及时赶到候车室,进行口头宣传,稳定旅客恐慌情绪,让旅客就地看管好自己所携带的物品,不要随便走动,防止造成混乱和互相拥挤而伤人及丢失物品。

(2)控制出入。全体客运人员要坚守岗位,门卫严禁旅客再行出入候车室,检票口要立即封闭,不准摸黑放行。

(3)及时报告。立即报告车站领导和车站公安人员,加强警力,防止坏人趁黑作案;同时以最快的速度通知房建、电力工区值班人员进行抢修。

(4)另取照明。候车室如设有应急灯的,应迅速打开。若停电时间较长或电路损坏严重,一时不能修复,应另取其他照明使用。

(六)售票系统故障时车站应急处置程序

(1)车站在遇到售票系统突然发生故障导致中断售票业务时,车站站长(副站长)要立即到达现场,负责指挥客运组织及故障处置工作;车站要利用各种渠道及方式,做好旅客解释、疏导工作,指派专人在售票厅等旅客主要聚集地维持秩序。

(2)车站立即开启应急动车组售票专用窗口,使用代用票发售当日各次列车无座席位。根据售票及客流情况,可安排乘坐本局列车的旅客直接上车补票。

(3)车站安排专人负责及时通知当日本局担当的各次列车长,通报车站售票系统故障及采取的相应措施。列车长接到通知后,立即到岗到位,与车站配合,确保旅客乘降安全,及时安排旅客办理补票业务。

(4)车站售票系统发生故障后,要立即通知车站技术保障部门采取排障措施,并及时向路局信息处、客票管理所汇报。车站技术保障及路局各级信息管理部门要本着"快速

处置、及时恢复"的原则,迅速查明故障原因和故障点,排除故障,最大限度地缩短故障延时。

(5)售票系统故障排除后要立即首先恢复发售动车组车票业务,确保乘坐动车组的旅客顺利购票乘车。

(七)车站客运服务系统故障的应急处置程序

(1)车站发生客票系统故障,窗口不能售票时,售票(客运)值班员应立即通知车站客票系统维护人员,并向站长汇报;车站应及时调配岗位客运作业人员,加强售票室的秩序维护工作,做好对旅客的宣传和解释工作,稳定旅客情绪;车站客票系统维护人员要立即到现场确认故障程度,对不能独立处理的故障要立即向局信息技术处报告;故障时间超过10min时,应立即向车站(车务段)应急领导小组和局客运处、信息技术所报告;对预计30min内不能恢复的客票系统故障,车站(车务段)应急领导小组应立即向局客运处申请启用售票应急系统;客运处长批准启用售票应急系统后,局客票管理所立即下发应急售票系统启动密码,车站确定启用应急售票窗口,按步骤启动应急售票程序,发售距开车3h之内的无座席车票。故障排除后,按步骤上传应急售票存根,确认无误方可恢复联网售票;当开车前未购到车票的旅客较多时,车站应立即向局客运处申请开通绿色通道,允许旅客上车补票。经批准后实施;车站采取绿色通道应急措施时,应向列车和相关前方停车站通报情况。列车要做好上车旅客的补票工作。相关前方停车站,要加强出口处查验车票力量,并认真做好旅客补票工作。

(2)综控室集成管理平台与代管站旅客服务系统中断联系时的应急处置程序。综控室操作人员发现集成管理平台与代管站旅客服务系统中断联系时,应立即通知各代管站站长和车站领导,并通知技术维护人员,进行系统抢修;各代管站接到综控室通知后,应立即指定专人负责启用简易集成平台,做好对本站各旅客服务系统的操作和控制;综控室操作人员应加强对各代管站列车运行情况的监控,及时向各代管站站长通报列车运行情况,确保各代管站旅客运输组织秩序平稳。各代管站站长必须通过CTC复视终端进行确认。

(3)车站引导系统故障时的应急处置程序。客运人员应立即报告车站综控室,由综控室向车站领导报告,并通知维修部门进行维修;综控室应立即通知各代管站站长,告知影响的车次,列车进路的安排。同时加强远程监控,将现场信息通知相关岗位,加强对旅客的广播宣传,正确引导旅客购票、进出站、上下车;车站应及时抽调人力(人员不足时,由车站、车间干部)在候车大厅设立引导岗位,引导旅客候车,加强检票进站的引导宣传。在地道或天桥处设置临时引导标志,在检票口、天桥、站台等增加引导力量引导旅客进站上车;车站候车室、进站口、进站厅、天桥口、地道口、站台处应使用其他形式的车次揭示牌做好引导工作,确保旅客正常候车和乘降秩序。

(4)车站广播系统故障时的应急处置程序。遇车站广播系统故障时,客运人员应立即报告车站综控室,由综控室向车站领导报告,并通知维修部门进行维修。同时,综控室操作人员应将广播切换至人工模式,按照广播内容顺序进行人工广播,做到不缺项、不遗漏、不错播;车站要充分利用客运导向揭示、手提喇叭等工具,及时向旅客通报列车到(开)时刻、候车室及站台安排情况。综控室、候车室、站台、地道口等关键部位客运人员要随时保持联系,互通信息,做到按时检票和停止检票;车站领导要现场把控,客运人员要坚守岗位,同时抽调人力对进站大厅、旅客集散区、售票厅、候车室、进出站口、通道、站台等处加强宣传,确保旅客正确候车、有序乘降。

（八）车站自动检票系统故障的应急处置程序

（1）客运人员立即报告车站综控室；车站综控室在接到报告后，要立即向车站领导报告，并通知维修部门进行维修。

（2）车站领导要现场把控，根据客流情况，合理调配客运人员加开进出站检票口，调整检票时间，实施人工检票。

（3）车站要及时将本站自动检票闸机故障的情况向列车前方各停车站进行通报，方便各前方停车站对到站旅客的组织。

（九）旅客列车未进入站台停车时应急处置程序

因机车设备故障或司机操纵不当，造成旅客列车在站内未进入站台或未全部进入站台停车时，车站应采取如下应急预案妥善处置：

（1）由站台客运接车人员及时向应急值守员报告；由应急值守员负责向司机及运转车长了解情况，采取响应组织指挥手段，如列车能继续运行时，指挥列车驶入站台固定停车位置，以便于旅客乘降。同时，通知站台接车人员注意监控；如列车不能继续运行时，通知客运值班员与列车长联系，组织旅客及时乘降。

（2）客运值班员带领客运服务人员立即分布到列车各车门口进行监控，掌握车上旅客动态；同时安排客运服务人员负责维持好站台旅客秩序，并通知广播员进行安全秩序广播宣传。

（3）客运值班员接到应急值守员通知后，如列车继续运行驶入站台固定停车位置时，组织客运服务人员做好站台旅客组织及安全防护工作；如列车不能继续运行时，由站台客运接车人员负责将站台旅客组织到列车停车位置，客运服务人员应配合列车员做好旅客乘降组织工作，防止旅客摔伤等事故发生。

（4）发生旅客列车未进入站台停车时，要严格按照上述预案处理，站长、客运主任（值班干部）要到站台负责组织指挥，严禁因组织不当，造成旅客越站情况发生。

（十）导向揭示、广播、检票、站台安全门（屏蔽门）等系统严重故障，不能正常使用时的应急处置程序

1. 车站导向揭示故障时的应急处置程序

（1）客运服务人员要立即报告综合控制室，由综合控制室向相关维修部门、站长汇报；相关维修部门要立即组织维修。

（2）车站要加强广播宣传工作，在候车室、地道、天桥等安全关键位置设立活动揭示牌，加强组织力量，确保旅客乘降安全。

2. 车站广播系统故障时的应急处置程序

（1）客运服务人员应立即报告综合控制室，由综合控制室向相关维修部门、站长汇报，相关维修部门要立即组织维修。

（2）充分利用客运导向揭示、手提喇叭等工具，及时向旅客宣传列车运行、到发及候车室、站台安排等情况。

（3）客运服务人员坚守岗位，在候车室、进出站口、站台等安全关键位置加强组织力量，确保旅客乘降安全、有序。

3. 车站自动检票系统故障的应急处置程序

（1）客运服务人员应立即报告综合控制室，由综合控制室向相关维修部门、站长汇报；相关维修部门要立即组织维修。

(2)客运服务人员立即加强力量实施人工验票。同时,停止持铁路乘车卡的旅客直接进站,并组织持铁路乘车卡出站的旅客办理扣款或补票等手续。

4. 车站安全门(屏蔽门)系统故障时的处置程序

(1)客运服务人员应立即报告综合控制室,由综合控制室向相关维修部门、站长汇报;相关维修部门要立即组织维修。

(2)当安全门(屏蔽门)发生故障,滑动门不能正常打开时,客运服务人员应立即用钥匙解锁,或由列车乘务人员操作滑动门开门把手,迅速打开滑动门。

(3)当滑动门不能手动开启时,客运服务人员立即用锁匙打开应急门,或由列车乘务人员推压开门推杆打开应急门。

(4)当安全门(屏蔽门)故障未修复时,要在故障滑动门上张贴提示标志;安全门(屏蔽门)玻璃破裂时,应采取加固、围蔽等防护措施,同时客运服务人员做好安全防护。

(十一)预防扒车应急处置程序

(1)客运服务人员要加强站台巡视,搞好站序管理。在列车进站前和开出站后,及时清理站台,禁止闲散人员(包括中转换乘旅客)在站内停留。

(2)对列车移交的无票人员,车站客运值班员接收后,要安排专人重点看护(补票后)送出站外,防止返回扒车。

(3)对患有精神病的旅客乘车,要协助其家属重点看护送上车;发现无人护送的精神病人严禁进站,并及时通知当地民政部门所属"救助站"负责妥善处理。

(4)对在车站附近讨要、拾拣人员,禁止进入站内,并通知当地民政部门所属"救助站"负责妥善处理。

(5)对旅客、路内通勤职工要加强安全乘车宣传,防止因扒乘发生伤亡事故。

(6)车站接车人员要严格落实标准化作业,在接、送列车时认真瞭望,重点观察车辆连接处、车梯、车窗、列车尾部是否有人扒车。

(7)发现有人扒车时,要及时制止。如列车启动后,要由客运值班员(计划员)及时通知应急值守员;应急值守员要及时向行车调度员报告,按行车调度员指示办理。

(8)客运、运转、公安要紧密配合,及时妥善处理突发情况。

(十二)防止旅客漏乘应急策略处置程序

(1)准确掌握旅客列车运行情况,严格按规定时间检票。

(2)做好检票前的预检。检票员接到列车检票的指示后,组织旅客在检票口排队进行预检;并用手提喇叭在候车室内和候车广场处进行检票宣传,提醒旅客及时检票。

(3)设有广播室的车站要及时广播列车运行情况,通知列车检票或晚点,使旅客掌握列车信息。

(4)检票员检完票前后,都要用手提喇叭,不间断地进行检票宣传。

(5)售票员、检票员要按本站规定时间停止售检票,以免造成旅客检票后上不去车漏乘。

(6)站台客运服务人员要确认站台、天桥、地道售货摊点等处所,无旅客乘车时,再用手持电台告知运转外勤人员"旅客乘降完毕",严禁未经确认而盲目"呼叫"。

(十三)车站因列车晚点造成中转旅客不能换乘接续列车时的应急处置程序

(1)遇有列车严重晚点(超过30min)时,该站站长、主管站长、客运主任、售票主任等必须亲临现场,组织干部职工向旅客做好道歉和解释工作;并组织好候车、售票、退票等一系列相关工作,正确劝导、安抚旅客,稳定旅客情绪,以减少不良反应。

(2)由于列车晚点造成中转旅客(异地购票旅客)不能换乘接续列车及旅客坐过站时,站长、值班干部(客运值班员)应立即到场积极组织,将旅客安排到合适场所,认真解答好旅客提出的要求,按客运规章妥善处理,并耐心做好解释工作。对有特殊要求的旅客,在车站无法达到旅客要求的情况下,及时向上级领导请示解决办法,并按照上级领导的指示进行处理。

(十四)车站客流暴涨时的应急处置程序

车站客流猛增时,候车室值班员立即向站长(值班干部)汇报;站长(值班干部)应立即通知各相关人员到达现场,积极组织旅客,做好疏散工作。同时,通知公安人员增派警力维持秩序,确保安全。

(1)视客流情况及车次合理划分候车区域,全员进区服务,排好旅客行李、包裹,清理旅客座席,做到人物分开。维护检票秩序,防止挤口、乱排,提前预检,专人带队,分批乘降工作。

(2)指派专人疏导候车室进出口秩序,防止对流,保证无旅客滞留。"三品"检查人员要认真宣传引导,不漏一包一件;候车室、站台工作人员要提高警惕,加强对进站旅客携带品的巡视与检查,防止"三品"进站上车。

(3)合理利用候车区域,候车室服务人员检票前的宣传一定要到位,检查完大客流后,检票员要进候车区内宣传,避免旅客漏乘。站台工作人员要注意防止旅客抓车抢上。

(4)合理安排检票时间,始发列车提前40min检票。特殊情况下及时与列车联系,提前检票上车,缓解候车旅客猛增的压力。对中转列车或始发列车晚点时,经客运主任同意可提前检票,组织旅客到站台候车。

(5)遇列车集中到达,旅客较多,要做好下车旅客的疏导工作。站台人员要加强组织,保证秩序,冬季还要在站台增派人员,防止旅客滑倒摔伤。出站口多开出口,尽快让旅客出站,避免旅客在出站口滞留时间过长,避免拥挤、踩踏事件的发生。

(十五)站内有滞留旅客需要疏散时的应急处置程序

旅客不出站、不上车,在站内聚集、滞留,可能影响到发车或其他列车进站后旅客的出站时,或遇其他特殊情况影响旅客出站,应迅速启动疏散应急预案。

(1)车站站长应立即组织有关人员到场做好旅客安全和疏散组织工作,并通知车站公安人员到场。

(2)车站客运服务人员应按职责分工做好旅客宣传和引导工作,有序引导旅客尽快上车、出站或到车站指定的场所,特殊情况站长可决定开通出站口,确保站台和列车无滞留人员。

(3)车站广播室要加大宣传力度,配合工作人员积极引导旅客上车、出站或到指定场所。

(4)车站公安人员要会同客运服务人员共同做好宣传、劝导和解释工作,及时采取有效措施,积极维护旅客安全和站车秩序。

四、动车组乘务人员应急处置流程

动车组列车应急预案处置事项及流程,如表5-1~表5-12所示。

发生火灾爆炸时应急处置流程　　　　　　　　　　表 5-1

序号	处置事项	处置流程	具 体 内 容	负责人	监控人
1	停车处理	迅速停车	立即通知司机停车或使用紧急制动阀停车(停车时避开桥梁、隧道、长大下坡道,选择便于疏散旅客和组织救援的地点停车)	司机	列车长
		关闭通风	接到火灾爆炸警报后,立即停止车内通风,坚守岗位,做好停车疏散准备工作。司机立即向行车调度请示扣停邻线列车	司机	列车长
		切断电源	随车机械师在列车停车后,立即切断列车电源,启动应急照明,防止电器设备起火	机械师	列车长
2	迅速扑救	车厢疏散	列车长指挥现场的客运、餐售、保洁人员及群众代表进行救援,疏散起火车厢旅客到邻近的安全车厢	全体人员	列车长
		组织扑救	列车长、乘警、机械师和乘务人员就近携带、传递灭火器迅速到达起火车厢实施扑救	全体人员	列车长
		确保安全	列车长、机械师、乘警应立即判明起火原因、部位,根据现场实际情况就地取材,用灭火器和可以灭火的物品,采取有效的灭火方案和措施迅速扑救,火情无法控制时及时撤离车厢	全体人员	列车长
		关防火门	迅速将起火车厢与相邻车厢一端的内端门和防火隔断门关闭。在整个处理过程中不能打开起火车厢的车窗、车门,以保证该车处于密闭状态	全体人员	列车长
3	疏散旅客	扣停列车	司机在接到列车调度员已扣停邻线列车的口头指示后,立即通知列车长;列车长接到司机通知后应立即指挥列车工作人员打开车门,根据需要安装好应急梯,做好疏散准备工作	司机	调度
		停车疏散	列车长根据车内和车下的安全情况,由机械师、乘务员手动开启车门,向地面安全地带疏散旅客。未能及时接到扣停邻线列车的命令,列车长应会同司机,组织列车工作人员打开运行方向左侧车门(非会车侧),结合现场实际,确定旅客疏散方向和疏散方式;列车工作人员应做好旅客安全宣传和防护,严禁旅客跨越线路。在疏散通道被封堵时,可使用安全锤砸开逃生窗玻璃,向车下疏散旅客	全体人员	列车长
		照顾重点	疏散旅客过程中,列车长要指派乘务人员对重点旅客进行帮助,发动旅客积极进行自救	乘务员	列车长
4	切断火源	分离车体	重联时,司机、机械师将动车组列车分解	机械师	司机
5	报告救援	报告位置	汇报动调(客调)、段调,包括车次、时间、地点、火势、伤亡人数、旅客人数等简要情况	列车长	调度
		请求支援	根据现场情况请求增派人员,提供药品、饮食、衣物、120 救护、车辆等救援	列车长	调度

续上表

序号	处置事项	处置流程	具体内容	负责人	监控人
6	抢救伤员	寻医救护	积极寻找医务工作人员,列车长组织乘务人员和旅客中的医护人员积极抢救伤员,并指定列车"红十字救护员"负责掌握伤亡人员数量、伤情等情况	全体人员	列车长
6	抢救伤员	组织抢救	对伤势较重旅客立即抢救,对伤员要根据具体情况采取止血、简易固定、包扎等救护措施	全体人员	列车长
6	抢救伤员	关注重点	将伤情严重的旅客提前安置在便于救护车停车的地点,有医生时要重点看护,列车长要指派专人负责,为医院快速救治创造条件	全体人员	列车长
7	设置防护	专人防护	动车组发生火灾爆炸,在区间停车需要防护时,机械师、乘务员在动车组司机统一指挥下,迅速做好列车(包括列车分解后区间遗留的车辆)防护工作	全体人员	司机
8	保护现场	寻找证人	乘警、列车长走访第一发现人、起火部位临近人,调查取证,追查监控当事人,初步认定火灾原因,收集目击证人不少于2份的证实材料	乘警	列车长
9	调查取证	协助取证	乘警、列车长要及时进行调查取证,证实材料要客观、翔实,为现场勘察、认定火灾原因创造有利条件。列车乘务人员要积极帮助公安人员了解情况,提供线索。同时,要积极协助公安机关调查事故情况	乘警	列车长

发生自然灾害时应急处置流程 表 5-2

序号	处置事项	处置流程	具体内容	负责人	监控人
1	及时汇报	掌握概况	列车因自然灾害受阻时,列车长立即向司机了解所处位置,掌握车内旅客情况;通过调度了解受阻原因、灾害程度、航空及公路交通情况	列车长	司机
1	及时汇报	汇报准确	报告动调(客调)、段调。报告内容:列车停留地点、时间、原因、影响范围、旅客情况、已经采取的应急处置措施、需要协调解决事项等	列车长	调度
2	分工准备	广播通告	(1)通过广播向旅客通报解释受阻原因、所处位置、灾害程度、航空及公路交通情况,以及铁路企业采取的应对措施;提示旅客注意人身、财产安全,号召旅客与工作人员共同抗击自然灾害。列车断电无法使用广播时,使用扩音器逐车厢向旅客口头宣传。 (2)遇有旅客问讯时,耐心细致回答,不得使用"不知道""不清楚"等不负责任语言或有不耐烦表现;遇有旅客情绪激动时,列车长做好解释工作,安抚旅客情绪,防止发生过激行为	全体人员	列车长

续上表

序号	处置事项	处置流程	具 体 内 容	负责人	监控人
2	分工准备	统一指挥	(1)列车长要及时召开会议(不具备集中条件时可通过对讲机部署),组织有关人员分工负责、密切配合,做好应急处置工作。列车长、乘警、乘务员重点加强对车厢的巡视,做好解释和安抚工作,稳定车内秩序。 (2)随车机械师做好受阻车体维护工作,确保空调系统、照明系统正常运转,厕所正常使用	全体人员	列车长
3	安全把控	防火安全	加强防火监控,对吸烟旅客进行有效制止,列车断电时,应使用车辆部门配备的应急照明设备,严禁旅客使用打火机、火柴等明火照明,防止发生火情	全体人员	列车长
		治安安全	加强车内治安巡视,发现盗窃旅客财物、故意扰乱乘车秩序或破坏列车设备等违法行为立即制止;必要时请求公安人员处理,防止事态扩大,坚持杜绝受阻列车发生治安事件	乘警	列车长
		人身安全	要尽量避免旅客集体移动,防止拥挤而引发人身安全事故。如滞留时间较长,旅客要求下车活动时,列车长要向所在局动调(客调)汇报,确定开车时间,向旅客宣传安全注意事项,告知旅客不要远离站台,随时听从铁路客运工作人员的指挥。区间停车时严禁旅客下车	全体人员	列车长
		车门安全	列车在站内停车时,列车长可在请示上级同意后通知乘务员打开车门进行自然通风;列车区间停车时按调度(司机)指令开启车门,保证车厢内空气畅通,寒冷季节同时兼顾车内保温。列车(区间)开启车门时必须使用安全防护网,并有专人在车门处防护	全体人员	列车长
		撤离安全	列车停留地点受自然灾害威胁,不能保证列车和旅客安全时,列车长会同司机、机械师请求行车调度命令,将列车或旅客疏散到安全地带。需要组织旅客撤离列车时,要保证旅客人身安全	全体人员	列车长
4	报告救援	报告位置	汇报动调(客调)、段调。汇报内容:车次、时间、地点、伤亡人数、旅客人数等	列车长	调度
		报告需求	并根据现场情况请求药品、饮食、衣物、120救护、车辆等救援	列车长	调度
5	抢救伤员	寻找医生	积极地寻找医务工作者,即乘务人员寻找旅客中的医护人员积极抢救伤员,并指定列车"红十字救护员"负责掌握伤亡人员数量、伤情等情况	全体人员	列车长
		组织抢救	对伤势较重的旅客要首先抢救,对伤员要根据具体情况采取止血、简易固定、包扎等救护措施	乘务员	列车长

续上表

序号	处置事项	处置流程	具体内容	负责人	监控人
5	抢救伤员	关注重病	将伤情严重的旅客提前安置在便于救护车停车的地点,在有医生时要重点看护,列车长要指派专人负责,为医院快速救治创造条件	乘务员	列车长
		组织自救	发动旅客抗灾,积极组织自救。必要时成立由旅客当中的党团员、学者、医务工作者、军人、公安干警、武警战士、路内职工参加的抗灾自救组织,发动广大旅客在统一指挥下全面开展自救工作。以列车乘警、军人及警务人员为主体成立治安组;以旅客中医务工作者为主体成立医疗救护组(列车长要对参与医疗救护的医务工作者,逐个进行姓名、单位、职称、身份证号码登记备案)	全体人员	列车长
6	维护秩序	加强巡视	列车长、乘警和乘务人员加强巡视,列车长每30min对全列、乘务员每15min对责任车厢巡视一次,维护治安秩序,平息个别旅客的激动情绪,保证秩序可控	全体人员	列车长
		随时通告	列车长时间受阻时,乘务人员30min要向旅客通报一次列车受阻晚点基本情况,包括目前自然灾害的影响、组织救援情况及预计晚点时间等,不得随意预测开车时间等情况	乘务员	列车长
7	补充食品	超前预想	列车长要结合受阻影响情况预测车上饮食是否充足,将饮用水、食品需求及时向调度汇报。及时在指定车站(处所)补充饮水和食品,保证旅客饮食需求。列车因断电致使空调、电茶炉不能使用时,列车工作人员要及时为旅客免费发放瓶装水	列车长	调度
		定门补货	列车补充饮水及食品时,列车长要提前与车站或有关人员联系,确认补充食品的车门位置,指派专人提前在车门口等候交接(补充食品时最多不得超过3个车门),要求乘警到场配合维持秩序,防止发生哄抢事件	乘警	列车长
8	全力服务	服务重点	列车乘务人员要对老、幼、病、残、孕等重点旅客重点照顾	全体人员	列车长
		保证入厕	列车因断电等情况致使卫生间不能正常使用时,应实行人工掏厕,必要时使用垃圾桶套垃圾袋等容器供旅客使用	乘务员	列车长
9	统计交接	换乘报告	报告换乘需求。乘务人员对需中转换乘的旅客进行登记,及时将中转旅客的人数和所乘车次告知所在局动调(客调),相关车站提前做好旅客换乘安排	乘务员	列车长
		中途移交	因列车受阻,旅客要求中途下车或终止旅行时,列车长应按《客规》规定为旅客办理相关手续,要对旅客的车票票号、到站、姓名、联系电话进行登记,并由旅客本人签字确认,与车站办理移交手续	列车长	调度
		办理转运	因线路中断停止运行的列车,列车长应在旅客车票背面注明原因、日期、返回站,并加盖列车长名章,作为旅客免费返回、办理退票、换车、延长有效期的凭证	列车长	调度

续上表

序号	处置事项	处置流程	具 体 内 容	负责人	监控人
9	统计交接	终到移交	（1）中途站和终到站到站前，列车长编制客运记录与车站签字交接。如有群体性旅客情绪激动，可能导致列车终到处理困难时，列车长提前与车站联系，转达旅客意见和要求，与车站做好到站处理准备工作。 （2）列车乘务组在旅客没有全部离开或没有接到上级命令时不得擅自退乘；入库车体仍有滞留旅客时，要随车入库协助处理善后事宜	全体人员	列车长
10	食品供应	停售商品	列车受阻时间超过2h或车上饮水和食品无法得到及时补充时，列车长要责令餐售人员停止营业，统一调配所有餐售食品和商品，优先保证重点旅客需求	餐车长	列车长
		有序分发	列车受阻超过1h且逢用餐时间，列车要向旅客免费发放饮水及食品。根据实际情况对分发人员、发放顺序、分发数量等进行详细部署；必要时请旅客代表共同参与发放，保证分发有序，防止哄抢	乘务员	列车长
11	疏散救援	停车疏散	如有危及列车和人身安全时，列车长应根据车内和车下的安全情况，由乘务人员手动开启非会车侧的车门，向地面安全地带转移旅客（情况特别紧急时，列车长通知司机集控激活车门），并做好旅客安全宣传和防护，严禁旅客跨越线路	全体人员	列车长
		动态把控	掌握负责车厢旅客情况，并随时观察动态，防止明火照明，同时做好服务工作，等待救援	全体人员	列车长

发生区间换乘时应急处置流程　　　　　　　　　　表5-3

序号	处置事项	处置流程	具 体 内 容	负责人	监控人
1	接令确认	掌握情况	立即确认命令。确认内容：转乘车站、转乘站台、车体号码、转乘时间、整备情况、备品情况、运行路线等。命令确认后，立即组织转乘准备	列车长	调度
2	转乘准备	人员分工	列车长根据车内人数按照车厢进行分工，掌握重点旅客位置，车内做好宣传工作	全体人员	列车长
		整理备品	列车长票据整理，乘务员备品整理，时间不允许的情况下，可以电话通知转乘车站补充	乘务员	列车长
		整理商品	餐售人员商品装箱，做好转乘准备；有旅客购买时，不得拒绝销售	售货员	列车长
3	宣传致歉	广播致歉	晚点15min以上时，应通过广播向旅客致歉，做好解释工作。遇有旅客问询时，要积极主动向旅客解释，不得使用"不知道"、"不清楚"等不负责的语言	列车长	调度

续上表

序号	处置事项	处置流程	具体内容	负责人	监控人
3	宣传致歉	通告转乘	掌握时机向旅客进行换乘通告，广播模板："女士们、先生们，我是××次列车长，因××原因，列车不能继续运行，请旅客整理好携带的物品，听从工作人员指挥，准备在前方站换乘××次列车，我代表铁路部门对列车晚点及换乘给您带来的不便表示歉意。"	乘务员	列车长
4	巡视安抚	按时巡视	列车长每30min对全列、乘务员每15min对责任车厢巡视一次，热心为旅客服务，维持好车内秩序	全体人员	列车长
		安全宣传	加强安全宣传，加强对卫生间等重点部位的禁烟管理，防止发生危险	全体人员	列车长
		全力服务	积极为旅客服务，帮助解决实际困难	全体人员	列车长
5	有序转乘	站车协作	列车长与车站联系，交接重点注意事项和列车所需帮助，加大警力和工作人员，帮助转移商品、备品，帮助重点旅客有序转移，确保转乘时的治安秩序，必要时列车长可协调车站增加警力、随车乘务	列车长	调度
		安全防护	列车长、乘警、乘务员、保洁员要按照车厢分工进行安全防护，做好乘降组织工作，确保乘降安全	全体人员	列车长
		有序转移	在列车长的统一指挥下，工作人员在车门口组织转乘，按照原座位车厢号登车，如车厢定员变化，先组织登车后进行调整	全体人员	列车长
		重点引导	对"老、幼、病、残、孕"等旅客重点照顾，解决转乘时的困难，保证安全转移	全体人员	列车长
6	转乘确认	检查遗失	旅客转乘完毕后，乘务员要对原车体进行检查；检查有无旅客和遗失物品，确认完毕后，向列车长进行汇报	乘务员	列车长
		确认乘降	乘务员确认旅客乘降完毕后向列车长汇报，列车长和转乘站工作人员进行确认后，通知司机关闭车门	乘务员	列车长
7	逐级汇报	掌握情况	汇报动调(客调)、段调。汇报内容：到站时间、转乘时间、旅客人数、突发情况、处理情况等	列车长	调度

发生长时间晚点时应急处置流程　　　　　　　　　　　　　表5-4

序号	处置事项	处置流程	具体内容	负责人	监控人
1	宣传致歉	掌握情况	列车长及时掌握晚点情况，联系调度了解晚点原因等，报告车内情况和请求协助解决的问题，组织乘务员积极主动做好服务工作	乘务员	列车长
		广播致歉	晚点15min以上时，应通过广播向旅客致歉，做好解释工作。遇到旅客询问时，要积极主动向旅客解释，不得使用"不知道"、"不清楚"等不负责的语言	乘务员	列车长

续上表

序号	处置事项	处置流程	具 体 内 容	负责人	监控人
2	保证秩序	按时巡视	列车长、乘警和乘务人员加强巡视,列车长每30min对全列、乘务员每15min对责任车厢巡视一次,热心为旅客服务,维持好车内秩序	全体人员	列车长
		维持秩序	列车长、乘务员可选聘"旅客代表"(军人、武警、警察、机关干部等主动配合人员),帮助维持车内秩序	乘务员	列车长
		安全管理	乘务人员加强安全宣传,尤其对卫生间加强禁烟管理,防止发生危险	全体人员	列车长
3	做好服务	安抚解释	遇有动车组晚点发生旅客情绪激动等情况,列车长做好安抚解释,并向终到站所在局客调(动调)报告	全体人员	列车长
		照顾重点	对"老、幼、病、残、孕"等重点旅客重点照顾	乘务员	列车长
4	报告需求	列车需求	根据列车晚点情况,联系列车补水、吸污等工作。不能判明晚点时间时或逢用餐晚点1h以上时向调度申请补充餐食	列车长	调度
		旅客需求	(1)统计旅客换乘需求,统计同时做好登记。登记内容:姓名、电话、车次、票号、发站和到站。中转时和车站办理交接。超过10人以上或特殊情况及时和所在局客调进行汇报。 (2)掌握旅客其他困难和需求,按照规定尽量帮助解决,必要时及时向所在局客调汇报	乘务员	列车长
5	及时汇报	详情汇报	汇报动调(客调)、段调。汇报内容:车次、晚点时间、客流、车内旅客及换乘情况等	列车长	调度
		请求协助	列车晚点时间30min以上时,请求调度协调前方停站,增加客运人员组织乘降	列车长	调度
		中途交接	旅客情绪激动时,列车长和前方停站提前联系,增加人员组织乘降,做好交接,防止发生因为纠纷造成列车继续晚点	列车长	调度
6	站车协作	终到交接	(1)旅客下车时,列车长对全列旅客下车情况进行检查,发现滞留旅客引导下车,防止发生将旅客带入库内。 (2)有旅客情绪激动时,站车工作人员应当说服劝解、诚恳道歉、稳定情绪,与车站办理交接后方可退乘。必要时请求公安部门协助处理	乘务员	列车长

发生空调故障时应急处置流程　　　　　　　　　表5-5

序号	处置事项	处置流程	具 体 内 容	负责人	监控人
1	及时处理	应急通风	列车长通知机械师对空调故障车厢进行应急通风处理	机械师	列车长
		确认状态	列车长会同机械师确认列车空调故障状态	机械师	列车长
		及时汇报	汇报动调(客调)、段调。汇报内容:故障原因、时间、区段、车内温度、旅客情绪状况等,做好启动预案的准备	列车长	调度

续上表

序号	处置事项	处置流程	具 体 内 容	负责人	监控人
2	疏导旅客	掌握动态	根据列车的实际情况,合理分配车厢客流,尽量使故障车内人员疏导到其他有座位车厢	乘务员	列车长
		照顾重点	帮助"老、幼、病、残、孕"重点旅客做好服务	全体人员	列车长
3	安抚致歉	按时致歉	列车长按规定及时向旅客通报情况并致歉,积极做好各项服务工作,帮助旅客解决困难,必要时经请示,可采取向旅客发放矿泉水等措施,稳定旅客情绪,避免激化矛盾	全体人员	列车长
4	启动预案	汇报启动	故障发生20min仍未排除,汇报动调(客调)、段调,按调度指示启动预案	列车长	调度
5	安装护网	备品位置	CRH380、CRH5型车每组车8套防护网,CRH5型存放在1号车厢备品柜内,CRH380存放在2号车厢备品柜内	全体人员	列车长
		人员分工	列车长组织相关人员召开会议,根据实际情况,准备开启运行方向左侧(非会车侧)的4~8个车门,安排具体乘务员、保洁员、餐售人员做好安装防护网的准备工作,乘警负责监控车厢动态,列车长监控总体情况	全体人员	列车长
		防护安网	组织乘务员、保洁员、售货员安装防护网,按要求安装运行方向车厢的前门,乘警加强监控车厢动态。列车长加强巡视	全体人员	列车长
		安网确认	司机按照规定地点停车后,机械师逐个开启安装防护网的车门并固定,乘务人员按车门分工坚守车门,进行安全防护	机械师	列车长
6	挂网运行	专人防护	防护人员站立在距离防护网1m以外,确保车门安全	全体人员	列车长
		条件确认	(1)列车长确认人员防护到位后,向司机汇报。 (2)机械师确认设备具备开车条件后,向司机汇报。 (3)司机向调度确认具备开车条件后,方可开车	司机	列车长
		限速规定	运行速度限速60km/h,通过高站台时限速40km/h	司机	调度

启动热备车体时应急处置流程 表5-6

序号	处置事项	处置流程	具 体 内 容	负责人	监控人
1	接令确认	掌握情况	列车长立即对命令进行确认。确认内容:车体号码、出库时间、整备情况、备品情况、运行路线、换乘车站等。命令确认后,立即组织热备人员,检查备品做好登车准备	列车长	调度
2	准备充分	备品补充	备品员为热备车体补充乘务消耗备品,无法补备品时通知站台补充	备品员	列车长
		整备补强	保洁员要对车内卫生进行全面补强,配齐消耗备品,调整座椅方向等	保洁员	列车长
		餐饮准备	餐售人员接令后要立即准备热备商品及备品,按规定时间到指定地点出乘	餐车长	列车长

续上表

序号	处置事项	处置流程	具体内容	负责人	监控人
3	出乘救援	及时登车	热备人员(客运、餐饮、保洁、乘警)按规定时间及时登车,车站出发救援时在站台登车。库内出发救援时,根据实际情况到动车所登车	全体人员	列车长
		救援准备	登车后,做好应急救援预想,对乘务人员进行救援分工,按救援方案检查车体准备情况,按分工整理卫生,设备登记,检查座椅方向等。补充救援食品时做好统计,妥善保管。提前和被救援车长联系,做好救援准备工作	全体人员	列车长

发生列车停电时应急处置流程 表5-7

序号	处置事项	处置流程	具体内容	负责人	监控人
1	立即汇报	汇报停电	发现停电车厢乘务人员立即通知列车长	发现人	列车长
2	应急处理	开启应急	列车长立即通知机械师启动应急照明。列车长、乘警立即到场	机械师	列车长
		确认维修	机械师确认停电原因,进行维修	机械师	列车长
3	维护秩序	加强巡视	列车长、乘警巡视车厢,维护车内秩序	乘警	列车长
		分工负责	乘务员、保洁员按照分管车厢维持秩序。乘务员、保洁员对卫生间便器安放垃圾袋,旅客使用后及时更换	全体人员	列车长
		照顾重点	对重点旅客要重点照顾,防止发生危险	全体人员	列车长
		巡视宣传	列车长、乘警、乘务员、保洁员按照车厢分工进行安全宣传,遇有情况向列车长汇报;告知旅客看管好自己的钱、物,防止丢失	全体人员	列车长
		禁止明火	巡视时禁止使用打火机等明火照明,防止发生火灾	全体人员	列车长
		禁售商品	餐车工作人员负责酒吧车内的服务工作,禁止推车售货	售货员	列车长
4	及时汇报	掌握情况	汇报动调(客调)、段调。汇报内容:停电时间、来电时间、故障或停电原因、旅客人数、突发情况、处理情况	列车长	调度

发生车体外显故障时应急处置流程 表5-8

序号	处置事项	处置流程	具体内容	负责人	监控人
1	应急处置	关闭外显	发现外显故障时立即通知机械师进行维修。外显错误时立即关闭外显	机械师	列车长
		联系车站	外显故障时,第一时间通知车站或前方停车站做好引导准备工作	列车长	调度
2	站车协作	协调分工	列车长及时告知乘警、机械师、乘务员、保洁员,统一协调,做好分工	全体人员	列车长
		人工引导	停站时列车长、乘警、机械师、乘务员、保洁员按车门分工与车站共同进行人工引导,组织旅客有序乘降	全体人员	列车长

续上表

序号	处置事项	处置流程	具体内容	负责人	监控人
3	宣传引导	安全宣传	按照车门分工在车门口做好安全宣传,告知旅客车厢号,正确引导,防止发生混乱	全体人员	列车长
		开车致歉	开车后,列车长可用车载广播或人工宣传进行致歉	全体人员	列车长
		错乘调座	列车长加强车厢巡视,对乘车旅客进行安抚解释。发生前后部旅客错误乘车时,列车长积极为旅客安排其他座位,并做好安抚工作	全体人员	列车长
4	及时汇报	及时汇报	汇报段调。汇报内容:车次、故障时间、修复时间、处理情况等	列车长	调度

发生旅客急病或伤害时应急处置流程　　　　　　　表5-9

序号	处置事项	处置流程	具体内容	负责人	监控人
1	了解情况	迅速到场	遇突发旅客急病时,列车长立即到场,同时通知乘警到场	乘警	列车长
		掌握概况	列车长了解急病或伤害旅客主要症状,了解发病时间、病情。有同行人时,问询病人病史	列车长	列车长
		广播寻医	利用广播和口头宣传在列车内寻找医务工作人员配合救治旅客	乘务员	列车长
2	积极救治	协同救治	医务人员积极采取措施对急病旅客进行救治,对病人进行初步诊断,随时观察旅客情况	乘务员	列车长
3	请示停车（必要时）	汇报调度	汇报动调(客调)、段调。病情严重危及生命安全时,列车长通知司机,向调度申请在就近具备救治条件车站临时停车,协调提供救护车	列车长	调度
4		收集取证	列车长会同乘警勘查现场,收集旁证、物证,调查受伤原因	乘警	列车长
5	记录交站	详细记录	列车长编制客运记录,记录旅客姓名、发病时间、医生姓名、证词材料等内容	乘务员	列车长
		签字交接	与车站工作人员签字交接(如果情况紧急,记录可在3日内补交)	列车长	车站
		拍发电报	列车长拍发电报声明(可在前方站或终到站拍发)	列车长	车站

发生食物中毒时应急处置流程　　　　　　　表5-10

序号	处置事项	处置流程	具体内容	负责人	监控人
1	了解情况	掌握概况	列车长、乘警立即赶赴现场,了解中毒旅客主要症状,掌握中毒旅客人数、发病时间等情况,调查可能导致食物中毒的食物	乘警	列车长
		封存待查	发生集体食物中毒症状时,列车长将疑似中毒人员食用过的食品立即停售,封存待查	餐车长	列车长

续上表

序号	处置事项	处置流程	具 体 内 容	负责人	监控人
2	广播寻医	积极寻医	利用广播和口头宣传在列车内寻找医务工作人员配合救治旅客	乘务员	列车长
3	积极救治	协同救治	医务人员积极采取措施对急病旅客进行救治,对病人进行初步诊断,随时观察旅客情况	乘务员	列车长
3	维持秩序	协助乘警	乘警负责保护好现场、维护秩序。乘务人员要做好解释工作,稳定旅客情绪,防止造成混乱	全体人员	列车长
4	立即报告	准确汇报	汇报客调、防疫部门、段调。怀疑投毒时,乘警向公安机关报告。汇报内容:日期、车次、运行区段、发病时间、地点、病人主要症状、发病人数(包括危重人数及死亡人数)、可能引起中毒的食物等	列车长	调度
5	收集取证	收集旁证	列车长和乘警积极收集旁证,保留封存造成食物中毒或可能致食物中毒的食物及其原料,将病人的呕吐物样品留存,等待卫生防疫人员进一步调查	乘警	列车长
5	记录交站	详细记录	列车长、乘警收集证据材料,将旅客发病症状、进食情况详细记录形成材料。对中毒旅客的基本情况做好登记,以便协助卫生防疫等部门最终调查确定诊断。列车长及时将记录和有关材料移交车站,以便车站尽快做好善后处置工作	乘警	列车长
6	拍发电报	到站拍报	列车长按照规定拍发声明电报	列车长	调度

发现精神异常旅客乘车时应急处置流程 表5-11

序号	处置事项	处置流程	具 体 内 容	负责人	监控人
1	观察掌握	及时发现	开车前,发现无票精神异常患者,严禁上车补票,卡在车下。开车前,车内发现无人护送的有票精神异常旅客,由列车长会同乘警,移交车站,列车不予运送	全体人员	列车长
1	观察掌握	掌握动态	发现有疑似精神异常旅客时,要及时向列车长汇报,并注意观察其行为,要掌握所在车厢、有无同行人、有无车票	全体人员	列车长
1	观察掌握	立即汇报	当发现精神异常旅客狂躁发作时,要积极发动病人家属和周边旅客帮助,同时立即通知列车长和乘警到场,防止发病人伤到他人和自己	发现人	列车长
2	妥善安置	宣传协助	有人护送的精神异常旅客,尽量将旅客调整到车厢的一端,向护送人介绍安全注意事项,并予以协助。不准单独活动,离席上厕所时必须由同行人看护	乘务员	列车长
2	妥善安置	全程看护	对无人护送的精神异常旅客没有席位时,列车长、乘警要将其安置至酒吧车前厅,列车长指派乘务员全程看护。同时发动周围旅客给予帮助	乘务员	列车长

续上表

序号	处置事项	处置流程	具 体 内 容	负责人	监控人
2	妥善安置	重点照看	对附近危险性物品进行彻底清理,防止发生意外或随身携带物品散失,涉及挪动其他旅客物品时,要做好解释。看护人要注意防止其打碎门窗玻璃跳车,精神异常患者入厕时,厕所门禁止完全关闭	乘务员	列车长
3	排查隐患	物品检查	病人家属和乘警对病人身上物品进行检查,对发现硬物、锐器、尖物等容易伤害自己和他人的物品要没收,由家属保管;无护送人员时由列车长保管,列车长用客运记录详细记录旅客携带品,乘警在记录上签字。必要时乘警可以采取强制约束措施	乘警	列车长
3	排查隐患	保护周边	列车长、乘警、乘务员在巡视时要注意旅客动态,当旅客发病时要积极采取措施,保证发病旅客和周围旅客安全	全体人员	列车长
3	排查隐患	强制约束	对严重危害公共安全、本人或者他人安全的精神异常旅客,乘警应制止其危害行为,使用约束带(衣)、胶带、床单等物品实施约束。约束时,应避免约束颈、胸、腹等影响呼吸的要害部位,同时注意随时观察,防止发生意外。精神异常情形消除或生命体征出现异样情形时,乘警负责解除约束	乘警	列车长
4	收集旁证	认真取证	发现精神病狂躁发作时,旅客自身受到伤害或伤害到其他旅客时,列车长、乘警长要做好旅客证词2份以上,记录旅客发病日期、车次、发病时间、地点、受伤旅客情况、列车采取措施等	乘警	列车长
5	按章交站	交接准备	列车长要提前编制客运记录。记录内容:旅客姓名、家庭住址、个人物品(无同行人时记录携带物品的品名和件数等)、乘车区间。同时提前与下交车站联系增加人员配合	乘务员	列车长
5	按章交站	签字交接	无人护送的精神异常旅客,列车长应编制客运记录会同乘警、看护人共同移交旅客票面到站或中转站处理,必要时拍发电报声明。无人护送的无票精神异常人员,列车长应编制客运记录交县、市所在地车站或三等及以上车站处理。精神异常旅客危及自身及他人安全时,列车长应协同乘警看护,并收集旅客旁证,提前联系前方站,编制客运记录移交车站	列车长	调度

发生群体事件时应急处置流程　　　　　　　　　　　　　表5-12

序号	处置事项	处置流程	具 体 内 容	负责人	监控人
1	站车协作	按章退票	开车前,发现上访人员时,及时与车站值班员和乘警联系,为购票旅客办理退票手续,无票旅客拒绝上车	车站	列车长
2	立即隔离	加强巡视	运行中,验票或巡视发现上访人员,立即通知列车长、乘警到场,调查具体情况	全体人员	列车长

续上表

序号	处置事项	处置流程	具 体 内 容	负责人	监控人
2	立即隔离	控制动态	乘警确定上访人员,按照有关信访要求进行相应处理。合理安排群体上访人员车厢,尽量远离其他旅客,以免影响其他旅客正常休息	乘警	列车长
3	及时汇报	汇报准确	汇报客调、段调。汇报内容:人数、性别、上车区段、目的地、大约年龄、上访原因等	列车长	调度
4	平息情绪	维持秩序	上访人员扰乱公共秩序时,由乘警按相关规定处理,乘务人员给予协助,同时避免负面影响和干扰旅客	乘警	列车长
5	按章交接	就近下交	列车长配合乘警协助处理事件,以"分散管理、就近下交"为原则,乘警通知前方站和公安部门协助处理,由乘警与站警办理交接手续	乘警	列车长

第二节　红十字应急抢救

一、现场急救——心肺复苏

1. 目的

(1)抢救生命,降低死亡率。

(2)防止病情继续恶化。

(3)减轻病痛,减少意外损害,降低伤残率。

2. 原则

(1)沉着,心细,分清轻、重、缓、急。

(2)先处理危重病人,再处理轻伤病人。

(3)观察现场,确保自身安全。

(4)充分运用现场可支配的人力、物力。

3. 程序

(1)判断意识:轻拍伤病者肩部、面部判断有无意识,如图5-1所示。婴儿拍击足跟,掐合谷穴判断有无意识。

(2)呼救:高声呼救,拨打急救电话(119或120)。

(3)摆放仰卧体位:伤病者俯卧或侧卧,应翻转为仰卧在硬地面上,如图5-2所示。注意保护头颈部。

图5-1　判断意识

图5-2　摆放位置

(4)抢救者体位:抢救者位于伤病者一侧,跪于伤病者肩腰部水平位,如图5-3所示。

(5)打开气道:抢救者一手置放于伤病者前额并下压,使头部后仰,另一手的食指中指放于伤病者下颌骨下方,将颈部向上抬起,帮助头部后仰,如图5-4所示。

图5-3 抢救者体位

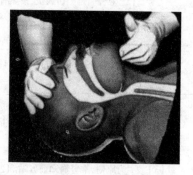

图5-4 打开气道

(6)呼吸道检查:抢救者采用仰头举颈法保护伤病者气道通畅,利用视、听、感觉等方法3~5s,检查伤病者有无自主呼吸,如图5-5所示。

(7)血液循环检查:抢救者在5~10s内触摸颈动脉,查颈动脉是否有搏动,判断伤病者有无心跳,婴儿触摸动脉,如图5-6所示。

图5-5 检查呼吸道

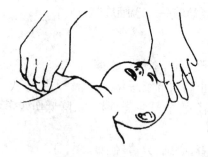

图5-6 血液循环检查

(8)人工呼吸:保持气道开放,捏住伤病者的鼻孔,深吸一口气缓慢而持续地将气体吹入伤病者口中,连续进行两次充分吹气,每次吹气时间为1~1.5s,气量为800mL,如图5-7所示。

(9)无心跳进行胸外心脏按压:上身前倾,垂直按压,肘部伸直,双手上下交叉用手掌根部按压,深度4~5cm,按压频率:100次/min,如图5-8所示。

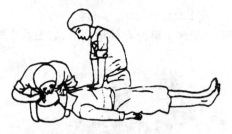

图5-7 人工呼吸

图5-8 胸外心脏按压

二、现场急救

使用绷带包扎伤口,如图5-9~图5-15所示。

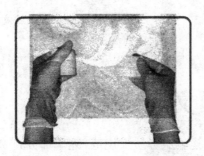
图 5-9 绷带

图 5-10 绷带包扎法

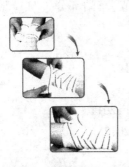
图 5-11 螺旋反折包扎

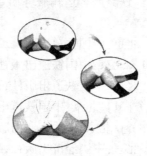
图 5-12 膝部包扎

图 5-13 手掌包扎

图 5-14 足部包扎

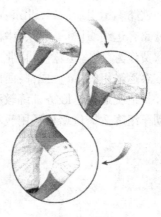
图 5-15 肘部

复习思考题

1. 动车组列车发生火灾、爆炸时的应急处置程序有哪些？
2. 动车组列车晚点的应急处置程序有哪些？
3. 简述动车组列车发生食物中毒事件时的处置程序有哪些？
4. 动车组列车发生旅客集体拒绝下车的应急处置程序有哪些？
5. 动车组防止旅客过站的应急处置程序有哪些？
6. 因天气不良或其他原因造成列车晚点时车站的应急处置程序有哪些？
7. 发生精神异常旅客乘车时的应急处置程序有哪些？
8. 红十字应急抢救的措施有哪些？

参 考 文 献

[1] 中华人民共和国铁道行业标准.铁路旅客运输服务质量规范(列车部分)[M].北京:中国铁道出版社,2014.

[2] 中华人民共和国铁道行业标准.铁路旅客运输服务质量规范(车站部分)[M].北京:中国铁道出版社,2014.

[3] 周平.铁路旅客运输服务[M].北京:中国铁道出版社,2008.

[4] 贾俊芳.高速铁路客运服务[M].北京:中国铁道出版社,2014.

[5] 马丽华.客运心理与礼仪[M].北京:中国铁道出版社,2001.

[6] 申碧涛.城市轨道交通客运服务[M].北京:中国铁道出版社,2011.

[7] 高蓉.城市轨道交通客运服务[M].北京:人民交通出版社,2012.

[8] 杨俊.服务补救运作机理[M].北京:中国经济出版社,2006.

[9] 韩经纶,董军.顾客感知服务质量评价与管理[M].天津:南开大学出版社,2006.

[10] 崔之川.铁路客运组织[M].北京:中国铁道出版社,1998.

[11] 彭进.铁路客运组织[M].北京:中国铁道出版社,2008.

[12] 王甦男,贾俊芳.旅客运输[M].北京:中国铁道出版社,2008.

[13] 杜文.旅客运输组织[M].成都:西南交通大学出版社,2008.

[14] 王慧晶.轨道交通客运服务训练教程[M].北京:中国铁道出版社,2011.

[15] 杨涛.动车组客运岗位培训适用教材[M].北京:中国铁道出版社,2014.